怎麼都是我吃虧！
孔子帶你走出社交陷阱

《百家講壇・說春秋》主講人、歷史系列暢銷書作者
賈志剛◎著

大是文化

怎麼處理別人和自己的面子問題？
力求表現是職場必要，但如何不討人厭？
《論語》，待人處事的最實用解答。

目次

第二部
怎麼交友、育兒、立足職場

推薦序

從春秋末期，用最清醒的眼光鑑古推今

暢銷作家、諮商心理師／黃之盈

透過本書作者賈志剛的眼光，可以重新連結經典和生活現況，讀完後我反思自己在生活、人際、教學、諮商和現況觀察的連結，受益良多。

這是一個資訊最爆炸的世代，也是最不安、最想要立即滿足原始欲望的世代。我曾看過一張梗圖，圖中有一名身障者和一位男人，光是表情都能看出劍拔弩張的氣氛。此外，還有一個對話框在男人的頭頂，寫著：「有本事，你站起來說話啊！」在貼文底下則有許多人跟風留下「哈哈，笑死」等言論。像這樣在網路上沒有道德底線的留言，要是出言制止，反而會被攻擊是正義魔人。

這些社會亂象，都會變成孩子們生活中的壞榜樣。人們說話不需要負責任，隨意暴露別人的隱私，並以此作為威脅、恐嚇對方的把柄，若你因此受到影響，便說你玻璃心……。

孔子身為中國第一所民辦學校的創始人，一定不想看見這現今最醜陋的社會現象，透過媒體無限傳播。他辛苦的周遊列國、傳遞教育理念的同時，更看見世代應秉持人我關係之間美好價值的界線，以及不願人因未受良好教育而變成愚民，抑或是成為留言跟風、憤慨無上限、見不得別人好的酸民。

在孔子的作品中，處處提到他秉持良善的教育意涵傳遞周禮，其中他對於重要的概念「禮」，指的是「節制」，無論是話語的節制，還是對規則的體現。若社會中瀰漫著扭曲的價值觀，其所助長的惡終將破壞每一個人的生活。就像任何一起無差別殺人事件，破壞了許多中規中矩的正常家庭。

以現代來說，作者重申「禮，是自覺行為的規則，對他人的影響」、「法，是提醒後果。人類社會文明的高低，取決人們守規則的程度」。法和禮的前提，都在於人我關係的彼此顧慮。

書中提及規則並非限制，而是幫助，就像「君君、臣臣、父父、子子」，所指涉的正是每個人在自己的崗位上，恪守該遵守的規則，家有家規、校有校規、國有國法，彼此尊重的前提是敬畏和顧慮，有底線才有情感的基礎。

奧地利心理學家阿爾弗雷德・阿德勒（Alfred Adler）曾說：「每個問題，都是人際關係的問題。」在心理學上也是，包容的前提在於對方秉持界限和守規矩，但在現今的網路世代，可以發現人們在跨域中迷失、負荷過度，而孩子則是在一個個小視窗中，選擇困難、感到寂寞。

大勢無法改變，但我們可以選擇順勢而為。人性中的貪嗔痴妄，雖然表達的形式不同，但更高、更強烈的惡意，正無限的擴散。

不過幸好，人與人之間良善價值的持續傳遞也無遠弗屆、超越時空限制。若是有你我的努力，借用經典的智慧，一定能夠從中獲益，並透過教育的力量，讓思考的空間呈現，鑑古推今！

序

《論語》，就是為人處世的技巧

說到《論語》，很多人認為那是一本充斥著大話、套話（按：指公式化的空話）、廢話的書，也有很多人以為那是本談論仁義道德、忠君愛國，用來糊弄老百姓的書，還有很多人覺得那是本講述聖人之道，不食人間煙火、高高在上的書。

其實，他們都錯了。

有人說，《論語》教人愚忠，我通常會請他舉例，而對方往往回答：「君君、臣臣、父父、子子。」我告訴他，這句話是說每個人都要遵守自己的規則，誰也不能亂來，這恰好不是愚忠。他又說：「君要臣死，臣不得不死。」但，這是明朝的戲詞，是那個太監當政、錦衣衛治國下的產物。

也有人說《論語》教人愚民，並以「民可使由之，不可使知之」（按：讓百姓依令而行簡單，但要他們了解這麼做的原因，就不容易了。所以，不必和百姓說清楚）舉例。我告訴他正確的斷句是「民可使，由之；不可使，知之。」（按：如果百姓能依照周禮生活，就不需要改變他們；如果不能，那就教會他們）他依然不信。

我就問他：「你認為賣西瓜的人，會說西瓜有毒嗎？」作為中國第一所「民辦學校」的創始人，孔子會傻到去宣揚「愚民」嗎？那他不是得喝西北風了？

即便如此，還是會有人一口咬定《論語》就是無用，甚至有害。那麼，我們就直接來看《論語》的實際影響吧！

如果孔子所傳授的，都是沒有意義的內容，又怎麼會有弟子三千？難道春秋時代的人都很傻嗎？孔子的弟子中，既有大商人子貢，也有大文豪子夏，有許多人擔任官職，也有像是曾子這樣品行高尚的人，更別說戰國時期的思想家李悝、政治家吳起這些人都是孔子的徒孫了。這樣的教學成就，還不足以證明嗎？

《論語》這本書，記錄的就是孔子和弟子們的日常。什麼日常？生活、學習、工作、交往。所以，**《論語》教我們的是做人做事的原則，是為人處世的技巧**。

實際上，孔子並不喜歡講大道理，他重視原則，但更是一個講求變通的人。他不僅有高尚的理想，更對人性有卓越的洞察力。《論語》不教我們怎麼當個聖人，事實上，孔子也從來不認為自己是個聖人。

《論語》中闡述的都是做人的道理，孔子講仁，仁是什麼？仁不是指仁義道德，仁就是與人相處的道理。

孔子說：「仁者愛人。」要與人相處和諧，就要有一顆愛人之心。

孔子說：「己所不欲，勿施於人。」不想讓人討厭，就不要把自己不願承受的事施加給別人。

孔子說：「吾道一以貫之，忠恕而已矣。」做事要忠，也就是有始有終、全心全意；為人要恕，就是要包容大度。

孔子的道理都不是泛泛而談，而是根據每個人的情況，針對各個學生有不同的教誨。**他教我們怎麼交友、育兒、與主管相處，如何避免夫妻矛盾、處理面子問題、立足職場，學會運用口才、創新，或是用習慣修正性格……。**

孔子告訴我們要尊重人性，而不是挑戰人性，與其虛偽的高尚，不如真實的世俗。所以他說，不要跟不如自己的人交友、善意不要強加、美德也不要過度。孔子也說，顧及自己的顏面很重要，但是別人的面子更重要……。

《論語》不只是平易近人，更是超級貼近生活。它告訴我們最通俗又最實用的道理，幫助我們在社會立足、獲得尊重，內容充滿處世哲學及智慧。

現在，就來看看這為人處世的三十條法則。這三十條是原則，也是技巧，全都出自《論語》，也都有鮮活的故事作為支撐，並且適用於現代社會。

第一部

講原則，也要懂變通

第一章

寧可不要面子，
也不能讓別人沒面子

你知道中國人最愛什麼嗎？愛錢？愛權？都不是，中國人最愛面子。

關於面子，民間有許多俗語。好聽一點的比如「人活一張臉，樹活一層皮」、「佛爭一爐香，人爭一口氣」；難聽一點的就像是「死要面子活受罪」、「打腫臉充胖子」等，讓人們也搞不清楚愛面子究竟是不是好事。

其實，孔子早在兩千五百多年前就解決了這個問題，只是我們不知道。事情要從《論語》中的兩則故事開始說起：魯哀公十一年，齊國入侵魯國，孟武伯率領孟孫家的軍隊迎戰齊軍。結果，兩軍都還沒有交鋒，主帥孟武伯就第一個逃跑了。

孟之反是孟孫家的勇士，眾人逃命時，他留在最後掩護。還好，孟之反也活著回來了，是最後一個進入魯國首都曲阜城門的人。事後孟之反對大家說：「不是我敢殿後，是這匹馬跑太慢了。」對孟之反的做法，孔子相當讚賞。

子曰：「孟之反不伐，奔而殿。將入門，策其馬，曰：『非敢後也，馬不進也。』」

（出自《論語．雍也篇》）

孟之反為什麼要這樣做？

主帥、全軍都當了逃兵，只有孟之反英勇無畏的在後面掩護大家，很顯然，這就是英雄啊！按照常人的想法，他回來後就該炫耀自己，並請求獎賞和升職。

可是，孟之反知道，之所以會有英雄，就是因為先有「狗熊」。因為有狗熊們的畏縮，才反襯出英雄的英勇，所以自己越有面子，那些逃跑的人們就越丟臉，尤其是主帥孟武伯。於是，孟之反寧可犧牲自己，也要替大家維護顏面。

所以，來到城門時，孟之反用鞭子打馬，讓馬快速跑進城裡，顯得自己灰頭土臉、狼狽不堪，好像也是逃命回來一樣。進到城裡，早已逃回來的人們看著他，都感到有點羞愧。

這時孟之反說：「不是我比你們勇敢，敢在後面斷後，其實是因為這匹馬跑不快啊！」於是，所有人都釋懷了，想著：「原來這小子也跟我們一樣，是逃命回來的。」這樣一來，大家原本已經丟了一地的面子，都被撿了回來。

從英雄到逃兵，從獨自光榮到與夥伴為伍，這就是孟之反做的事。同時，他也保全了大家的面子。孔子為什麼欣賞孟之反？就是欣賞他不會為了誇耀自己，而讓別人丟臉。

與貧窮相比，說謊才是大問題

第二則故事是這樣的：微生高是孔子的弟子，家裡很窮，但是很愛面子。有次，有人去向微生高借點醋，可是他家裡恰好沒有，怎麼辦？

「你等等啊！我去拿。」微生高並沒有告訴對方自己家裡沒醋了，而是接過對方的罐子，讓他在門口等著，自己再躡手躡腳的來到後院。

「不好意思啊！家裡沒醋了，想跟你借一點。」微生高輕聲對隔壁鄰居說。鄰居是個爽快的人，什麼也沒說，接過他手裡的罐子，就進屋裡裝了些醋給他。微生高拿著裝好醋的罐子來到自家前院，並將罐子遞給了討醋的人。

「你看看這樣夠不夠？不夠我再裝一點給你。」微生高得意的說。來人表示感謝，就離開了。可是，這一切都被隔壁鄰居看在眼裡。

這件事很快就傳開了，而孔子知道後就說：「誰說微生高直率啊？他就是死要面子、活受罪而已。」

子曰：「孰謂微生高直？或乞醯焉，乞諸其鄰而與之。」（出自《論語．公冶長篇》）

微生高為什麼要這樣做？因為他不想讓討醋的人認為他家裡很窮。結果，最後不僅人人都知道他家裡窮得連醋都沒有，還知道他很虛偽。

那孔子為什麼批評微生高？因為他很虛榮。從心理學上來說，人之所以愛面子，是希望能獲得他人的認可，不想被別人瞧不起，這其實沒什麼不對。管仲說：「禮義廉恥，國之四維。」認為羞恥之心是人類社會的立足之本；孟子也說：「無恥之恥，無恥矣。」認為人要是不知道何謂羞恥，就真的是無恥了。

在這個故事中，微生高對自己的貧窮感到羞恥，因此採取這樣的方式來掩飾，這有什麼錯嗎？

在孔子看來，貧窮固然羞恥。但是，與貧窮相比，說謊才是大問題。**貧窮可能只是能力不足，或者欠缺運氣，然而說謊是品德缺陷，最終將導致更大的羞恥。**換言之，以說謊的方式保住面子，只會讓自己丟臉丟得更徹底。

打腫臉充胖子，當今社會的微生高

現在，我們來討論這兩個故事的寓意。要面子是應該的嗎？當然。但是有兩個前提：**一，不以他人作為代價；二，不要以沒面子的方式追求。**

比如孟之反。如果他回來後，拚命宣揚自己的英勇，雖然他確實很光榮，但其他人都會很丟臉。於是，所有人都恨他，這就是我們常說的拉仇恨；但是，如果這場戰爭魯國勝利了，而孟之反是衝鋒在前的勇士，這時他就可以大力吹噓，因為戰爭贏了大家都很高興，也不會有人仇視一個比自己勇猛的人，孟之反就會被當作英雄。

現實生活中，有的人很有能力，甚至很有成就，卻得不到人們的認同、老闆的賞識，為什麼？大都是因為不懂得人情世故。

比如，他所在的專案組或者部門的專案失敗、業績不佳，這時候大家都相當灰心喪志，可是他卻強調自己的表現有多出色又與眾不同，這當然會引起他人不滿，最後不僅同事討厭他，也不受主管青睞。

所以**在職場上，不能只關心自己的顏面，更要懂得照顧同事，尤其需要保護老闆的面子。**很多理工男在這方面天生欠缺，他們的技術能力出色、工作也很賣力，可是很容易忽視別人，因此得不到認可和尊重。對此，他們往往抱怨自己懷才不遇，實際上他們應該反思自己的為人處事。

有個特殊的場合是運動場，在那裡比賽的結果肯定是勝者為王，敗者為寇。不過，有些運動員總能得到廣泛的好評和對手的尊重，為什麼？因為他們在獲勝時總是替對手留情面，強調對手實力很強或者進步很快，自己取勝有部分是運氣等。總之，能給對手的面子都給了。但是，很多人並不懂得這些道理，戰勝後還瘋狂貶低對手，最後導致朋友越來越少，敵人越來越多，一旦落敗，就會倍受屈辱。

有的人在落敗之後會抱怨裁判不公，或藉口自己運氣不佳、發揮失常等，想以此挽回自己的聲譽，但往往只會得到更多嘲笑。所以，最好不要試圖自己建立威望，有他人替你背書才是最好的。

微生高以說謊掩飾，反而讓自己更丟臉。他應該怎麼做？可以直言家裡沒有醋了，也可以說剛好用完。這樣他也不至於被嘲笑，因為人們本來就知道他很窮。

有人可能會說，難道窮人就不能維護自己的尊嚴嗎？當然不是。但是，窮人的缺點就只是窮而已，為什麼非得用自己的缺點去保全面子？

如果你家境不富裕，沒錢買新衣服，怎麼辦？你還是可以保持自身乾淨整潔，那同樣不丟臉。真正被人瞧不起的，是不僅沒錢買新衣服，而且衣服永遠都髒兮兮。要知道，乾淨和得體的衣著才有尊嚴，衣著是否昂貴並不重要。

微生高還只是借了一點醋，還在他的承受範圍之內。而有的人為了愛慕虛榮不惜代價，超出自己的承受範圍，這就是我們常說的「打腫臉充胖子」了。

法國作家居伊・德・莫泊桑（Guy de Maupassant）的小說《項鍊》（*La Parure*）中，主角瑪蒂達為了出席上流社會的宴會，向有錢的好友借了一串鑽石項鍊，結果卻在宴會上弄丟了。瑪蒂達只好借錢購買一串相同的項鍊還給好友，自己拚命工作十年才還清了債務。可是好友這時卻告訴她，那串項鍊其實是假的，根本不值錢。

這則故事其實在今日依然有教育意義，還記得那個為了買蘋果手機賣腎的年輕人嗎？為了追隨潮流而摧毀自己的身體，這和葬送了十年青春的瑪蒂達有什麼區別？（按：為了買 iPhone 賣腎的故事，發生於二〇一一年中國安徽。根據新聞，該名少年最後得終生臥床洗腎）。

此外，瑪蒂達的有錢好友同樣給人啟示，那就是**真正的有錢人往往不會很在意面**

子，因為他們在金錢上有自信，而有自信的人不會刻意彰顯。

事實上，在當今的社會中，很多有錢人使用的手錶、手提包都非名牌，但他們毫不在乎，也不需要用它們充場面、掙面子。相反的，常常看見有些沒錢的人喜歡借錢買奢侈品，愛慕虛榮，這些人都屬於這個時代的微生高。

犧牲自己，保全他人

在職場中，面子非常重要。處理得好，升遷迅速；處理不好，「掉腦袋」都有可能。《三國演義》裡的楊修就是個反例，他聰明又有學問，喜歡誇耀自己。好幾次都讓自己很風光，同時也讓曹操丟臉，最後，沒面子的曹操便把他殺了。同樣的例子還有禰衡（按：禰音同迷）。

中國歷史上很多文人都有一股書呆子氣，完全不懂得替人維護顏面，常常不分場合當面讓皇帝下不了臺，因而被殺或者被處罰。說他正直勇敢，實際上是不懂得人情世故。

所以，千萬不要跟主管爭面子，不只如此，還要盡量為他維護面子。而且，不要把這理解為阿諛奉承。因為從整體利益來說，主管確實更重要一些。

職場如此，在家也一樣。夫妻間發生爭執，乃至冷戰都是常見的事，但所謂「家醜不能外揚」，兩人之間再怎麼爭吵，在外人面前還是得維持形象。比如丈夫的朋友來拜訪，即便剛吵過架，妻子也要熱情接待，反之亦然。

所以，夫妻之間關上門吵架不是問題，但如果在外人面前讓彼此丟臉就是大問題，很多夫妻離婚就是因為這個原因。

再說一個我自己身邊的故事，我有個同學在家鄉當公務員，職位也不低。有次幾個同學去餐廳吃飯，說到高興時，一個同學的啤酒灑到隔壁桌的人身上，那桌有七、八個年輕人，雙方幾句來回，氣氛頓時劍拔弩張。

這時，我這個同學急忙起身走去隔壁桌，一邊道歉，一邊向服務生點了一箱啤酒給對方。於是，矛盾化解、相安無事。

這件事情，他的做法就是犧牲自己，而保全所有人。事後不只同學，連老師都稱讚他。在飯桌上犧牲的一點面子，在同學間得到了加倍補償。

其實孟之反也是如此，在人們知道他實際上只是為了眾人，才自稱逃兵後，不僅孔子，整個魯國都對他刮目相看。

第二章

善辯，
是能力也是缺陷

隔壁老王讓他的女兒去學演講、隔壁老張讓他的兒子去學辯論。「現代社會，口才很重要。」老王和老張都這麼說。

實際上，口才在古代社會也很重要。比如孔子的口才就很出色，他還有兩個以口才著稱的弟子，一個是子貢、另一個是宰我，不過兩人的結局卻大相逕庭。

子貢後來成為孔子最倚重、最依賴的弟子，成了天下首富、諸侯們的貴賓，可說是人生贏家；而宰我卻混得灰頭土臉，只能在孔子的學校當助教，還經常被孔子罵。「飽食終日，無所用心」、「朽木不可雕也」這些話都是罵他，最終一事無成。

為什麼同樣口才出眾，結局竟然完全不同？

有個故事是這樣的：孔子說，按照周禮，父母去世之後，要服喪三年。這三年必須在父母的墓地旁邊搭個小屋住，只能穿孝服，不能吃肉、喝酒、聽音樂。

宰我就說：「老師，這不對啊！這三年什麼也不能做，豈不是把禮、樂都給忘了？您不是說周禮最重要，一天也不能不修習嗎？」

孔子一下子愣住了，這不就是傳說中的以子之矛、攻子之盾嗎？

「你覺得這不對，那難道父母去世三年之內，你吃好、穿好，你心安嗎？」孔子沒辦法，只能從另一個角度反問。

「心安啊。」宰我也沒猶豫，「我父母就算死了，不也希望我吃好穿好嗎？」
「你要是心安，那就隨便你吧！」孔子實在沒話可說了，就敷衍了一句。
等到宰我走了，孔子對身邊的其他弟子說：「宰我這小子真不是個東西，對父母一點感情也沒有。」

宰我問：「三年之喪，期已久矣。君子三年不為禮，禮必壞；三年不為樂，樂必崩。舊穀既沒，新穀既升，鑽燧改火，期可已矣。」子曰：「食夫稻，衣夫錦，於女安乎？」曰：「安。」「女安則為之！夫君子之居喪，食旨不甘，聞樂不樂，居處不安，故不為也。今女安，則為之！」宰我出。子曰：「予之不仁也！子生三年，然後免於父母之懷。夫三年之喪，天下之通喪也。予也，有三年之愛於其父母乎？」

（出自《論語．陽貨篇》）

孔子一生強調禮樂，主張嚴格遵守周禮。問題是周禮雖好，但確實有些不合理的規定，像是守喪三年這件事。事實上，到孔子的時代，人們已經普遍不遵守了。因此，還在強調服喪三年的孔子，確實是過於古板。其他弟子都沒說話，宰我卻忍不住了。他的話非常有邏輯，也令人難以反駁，所以當場讓孔子下不了臺。

在宰我和孔子之間，類似的問答還有好幾段。比如，孔子有次講課提到黃帝活了三百歲，宰我就說：「人最多活一百歲，老師您怎麼知道黃帝活了三百歲？」也是讓孔子一時語塞。

另外還有一次，孔子向弟子強調仁的重要性時，宰我就說：「既然仁這麼重要，假如有人拿著一塊磚頭告訴你說井底下有仁，老師敢不敢下去尋找？」孔子險些當場氣暈過去。可以說，如果當時舉辦辯論大賽，誰也不是宰我的對手。可是，口才一流的宰我，最後不只同學不喜歡他，老師也不待見。

為什麼？不為什麼，畢竟誰喜歡老是被別人戳軟肋？誰看見宰我這樣的人不躲得遠遠的？孔子這樣涵養深厚的人都覺得煩了，更何況是其他人？

那子貢呢？孔子在周遊列國前，反對自己的弟子去當卿大夫的家臣。以現代來比喻，就是要學生一心一意專心考公務員，不能去私人企業上班。

但周遊列國失敗後，孔子的觀念改變了，且當時弟子們面臨了現實的生存問題。這時，弟子們就很想去當卿大夫的家臣，又怕孔子不同意。而孔子在心裡實際上已經同意了，可是又不想打臉自己。

子貢看出了這個窘境，於是決定出面破局。

子貢沒有直接問孔子，是否同意弟子們去當卿大夫的家臣，而是談到了美玉，說這麼好的東西是不是應該賣掉，以實現它的價值？孔子立刻明白子貢所說的美玉，就是指自己的弟子們，於是趕緊說賣掉吧！我等著識貨的人呢！

兩人的對話心照不宣，子貢卻已經知道孔子的意思。之後，弟子們紛紛去當卿大夫的家臣，孔子不僅沒有阻止，還積極幫他們找門路。

子貢曰：「有美玉於斯，韞櫝而藏諸？求善賈而沽諸？」子曰：「沽之哉！沽之哉！我待賈者也。」

（出自《論語．子罕篇》）

從這段故事可以看出，子貢用巧妙的比喻，不僅化解孔子的尷尬，還幫同學們解決實際問題。子貢與孔子之間類似的對話在《論語》中還有好幾則，表面上是問別的問題，實際上是讓孔子表達自己不便於直接說的話，效果都很好。

所以，子貢的口才就像一臺高級電梯，不僅讓你下樓，還很舒服。孔子為什麼這麼喜歡子貢？很簡單，因為跟子貢對話總是很舒服、很對味。

場合錯誤，善辯反而是缺陷

從口才的類型來區分，宰我是辯論型的，跟孔子的幾次辯論都占上風；子貢則是社交型的，跟孔子的交談往往能得到孔子的喜愛。

從古今中外來看，社交型人才往往比辯論型人才更容易適應環境，發展也往往更好。辯論型人才雖然邏輯能力更強，可是往往容易得罪人，人們並不會因為你說得有理，就願意被你戰勝、被你羞辱。

孔子年輕時也喜歡辯論，在他去拜會老子時，老子發現了這個問題，於是給了他一個忠告，老子是這樣說的：「聰明深察而近於死者，好議人者也。博辯廣大危其身者，發人之惡者也。為人子者毋以有己，為人臣者毋以有己。」

這段話翻譯成白話文如下：聰明深察的人，卻常遭遇困厄、瀕臨死亡，是因為他喜歡議論是非；博聞善辯但總是陷入麻煩，是因為他常揭別人的短處。作為賢人、臣子，不要太自以為是。

所以，善辯雖然是一種能力，但是如果不懂得在什麼場合下使用，這反而是一種缺陷。所以，除非你是一名外交官，或是你需要透過辯論來競爭，否則盡量少辯論。畢竟，辯贏了又如何？

日本企業家稻盛和夫也說過：「這個世界上最愚蠢的事，就是不斷的跟別人講道理。就算你是對的，也不用非得證明別人是錯的。」

中國歷史上有個叫公孫龍的人，也就是白馬非馬論的作者。他喜歡辯論，看見誰就跟誰辯、看見什麼辯論什麼。結果，大家都很討厭他，一個朋友也沒有。

別說中國，在西方歷史上，那些希臘、羅馬偉大的哲學家都很喜歡辯論，其中很多人最後都慘遭殺害。

從道義上，固然可以說是統治者無法容忍不同的聲音，但從為人處世的角度來看，他們都屬於老子所說的「博辯廣大危其身者，發人之惡者也」。

智商和情商往往不能兼得。智商高的人見識更廣，且看事情看得更透澈，因此常忍不住與人辯論。不過如果智商與情商都高，往往就能取得不錯的成就。

上過大學的人都知道，住宿舍時常常會有寢室辯論會，有的人就喜歡與人辯論。我們可以發現，越是喜歡辯論的，往往大學畢業後越難有成就。而成就突出的，往往是那些悶聲不響的同學。

到這裡，有人會提出一個問題：春秋戰國時期的說客，不都是辯論型口才嗎？為什麼他們很多人成功了？這是一個好問題。

首先，他們遇上了一個國君很開明、大度的時代，國君們並不在乎被駁斥，這是他們成功的關鍵。其次，這些說客雖然看起來很風光，但實際上結果並不好，因為怨恨他們的人實在是太多了。比如，商鞅最後被五馬分屍；張儀和甘茂逃奔國外；蘇秦暴斃街頭；李斯受到五刑腰斬（按：五刑是古代五種刑罰之統稱，在不同時期，具體所指的刑罰皆不同。以先秦為例，除了大辟〔死刑〕外，其他皆為肉刑，對人體會造成不可回復之傷害，如宮刑。大辟又可再分為斬首、腰斬等）。

幽默的口才，才是好口才

隆納・雷根（Ronald Reagan）被認為是美國歷史上最有名的總統之一，他的口才備受讚賞，就連對手也心悅誠服。不論面對什麼刁鑽的問題，他總能用幽默的語言輕鬆化解。

比如有人說政治是骯髒的，並問他從事政治的體會是什麼？雷根笑著回答：「政治不是什麼糟糕的職業。如果你成功了將會獲得許多獎勵，如果你失敗了，那你也可以出版一本書。」

一九八四年，與民主黨總統候選人華特・蒙代爾（Walter Mondale）的電視辯論中，討論到他的年紀比對手大很多，雷根便巧妙的逆轉話題：「我不會以我的年紀來作為選戰的議題，更不會以此作為政治目的，來彰顯我對手的年幼和缺乏經驗。」

所以，幽默是口才的體現，幽默就像太極，能夠輕而易舉的化解強硬的進攻，讓對手難以施展力量。不僅雷根，美國第一位黑人總統巴拉克・歐巴馬（Barack Obama）也是一位幽默大師。

中國相聲演員郭德綱，是當今最好的相聲演員之一，口才之好可說是沒有對手。

郭德綱年輕時，因為年輕氣盛常常與人對罵，罵得光彩四射、熠熠生輝，令人拍案叫絕。不過也正因為如此，得罪了很多人，而且得罪得很深，其中一些人隨時可能會對他捅刀子。後來郭德綱漸漸成熟，基本上就不再罵人了。他甚至關閉了微博的評論功能，照他的話說：「不是我怕被人罵，是我怕忍不住罵人。」

有的人會有個認知錯誤，那就是認為能說會道就是口才好。其實，好口才不等於多說話，話說得再多，但是言不及義，反而不如不說。相反，話不多，但是一說出來就在點子上，這就是好口才。

這就好比說相聲，逗哏的話多、捧哏的話少（按：相聲術語，一般來說逗哏為主角、捧哏為配角），但並不是每一對相聲演員都是逗哏更受歡迎。比如，當年姜昆和李文華說相聲，就明顯是李文華口才更好、更受歡迎。後來李文華嗓子出了問題，姜昆換了幾任捧哏，都捧不起來。

在職場中，口才當然很重要。因為職場中的溝通交流非常重要，好的口才能夠幫助同事之間的溝通理解，讓辦公室的氣氛輕鬆和諧。但是，如果一個辦公室裡有一、兩個喜歡辯論的人，那氣氛就可想而知了。

幽默通常被認為是好的口才，但是並不是所有人都接受開玩笑，尤其是主管。其實在婚姻生活中也是這樣，如果夫妻雙方都是善於辯論或者喜歡辯論的人，基本上，這樣的婚姻很難走到終點。

那麼，如何提升口才？

中國歷史上有一本著名的書叫做《鬼谷子》，其中講授的就是捭闔縱橫之術。所謂捭闔之術，就是講如何運用口才去說動諸侯。因此這本書可說是最早關於口才的專業書籍，近年來關於口才的書更是多如牛毛、魚龍混雜。當然，這類書我也沒看過，有沒有用你只能自己判斷了。

很多家長望子成龍、望女成鳳，於是紛紛把自己的孩子送去學口才。但是，要小心的是，不要沒有學成幽默，反倒學成了油腔滑調；不要沒有學會社交，卻熱衷於與人爭辯。

口才重要嗎？當然。但是，好的口才要有以下的特徵：能用來促進社交、總能風輕雲淡的解決問題。不以解決問題為目的的辯論有害無益，即便是以解決問題為目的的辯論，往往也沒有好結果。

第三章

勸人要掌握分寸

人生在世，每個人都勸過人，每個人都被人勸過。但是，勸人是個學問。勸得好，皆大歡喜；勸得對，避免犯錯。可是，也有很多情況，勸來勸去，朋友勸成了仇人；勸來勸去，把自己的性命賠了進去。

俗話說：「良言難勸該死鬼。」那麼，勸人有什麼技巧和禁忌？孔子師徒早就研究過這個課題，研究結果就在《論語》裡。

不要強加自己的想法在他人身上

子貢家境很好，見多識廣且聰明，在進入孔子學校的初期，子貢就喜歡勸人。子貢勸人完全是出於善意，並且多數也都是對的。但是，子貢的師兄弟們大都家境不好，對子貢的勸告要麼沒能力改、要麼根本不想改，所以沒什麼人聽他的勸。

子貢的個性倔強，即使別人不聽，他還是不停的勸。結果他不只被人討厭，甚至有人當場讓他難堪。子貢覺得很委屈，於是來請教孔子，說我一片好意去勸他們，誰知道熱臉貼上冷屁股，我是好心沒好報，這是怎麼回事？

孔子就告訴他：「勸人首先要有誠意，其次要有好的方式。最重要的一點是，勸過之後如果人家不聽，就不要再勸了，否則一定自取其辱。」

> 子貢問友。子曰：「忠告而善道之，不可則止，毋自辱焉。」
> （出自《論語．顏淵篇》）

孔子的話對嗎？太正確了。所以，勸人要掌握分寸。

人與人之間打交道，要充分考慮到每個人不同的性格、處境等因素，即便是好朋友，也要注重方法，不能以為大家關係好就能開門見山、直截了當。

有的時候你是善意，但是對方感覺不到；你的方法好，但是對方領略不到。反而因為你說多了，對方會懷疑你有什麼企圖。所以，即便是朋友，也要掌握好分寸。

即使是好友，也不要強加自己的想法給對方。當你勸人的次數多了，即使你以為你沒有強加自己的想法，可是對方會這麼認為，且事實上你也確實是。

子貢曾經有一次對孔子說：「老師，我不想把自己的想法強加給別人，也不希望別人強加給我。」孔子當時就笑了，說道：「你啊，做不到的。」

在現實中，這是交朋友的道理。朋友間說話其實也要有分寸，很多人與朋友決裂並不是利益導致，而是其中一方想強加自己的想法給另一方。當雙方的社會地位、財富地位差距比較大時，被強加的一方往往會感覺自尊被傷害，因而漸漸疏遠對方，甚至反目成仇。

即使是善意，也不能強加，千萬要切記。

心意已決的人，勸不得

孔子周遊列國回到魯國時，魯國的國君是魯哀公。魯哀公一直很想擺脫三桓（按：指魯國歷史上三個為魯桓公後代的卿大夫家族——季孫氏、叔孫氏、孟孫氏）專政，可是自身實力不夠，因此想得到孔子的幫助。

魯哀公便邀請孔子去做客，孔子知道魯哀公的意圖，可是他不願意摻和這樣的事，於是就派宰我代替自己赴約。魯哀公問起國社（按：社是儒教中掌管土地的神祇，國社指掌管諸侯國境的土地神）時，實際上就是在暗示宰我，自己對三桓的想法，而宰我根據孔子事先交代的，故意裝瘋賣傻、顧左右而言他。

「老師，我們是不是應該勸勸他？」事後，宰我問。孔子說：「要做成事，就不要說出去。已經決定的事，就不要勸阻。自己做的事，不論結果如何都別抱怨。」

哀公問社於宰我。宰我對曰：「夏后氏以松，殷人以柏，周人以栗。曰：『使民戰栗。』」子聞之，曰：「成事不說，遂事不諫，既往不咎。」

（出自《論語．八佾篇》）

為什麼孔子不讓宰我勸魯哀公？因為人家已經決定了，你勸也是白勸。如果最後人家做成了，你當初的勸阻就會成為笑料；如果他失敗了，多半會為你招來怨恨，因為這種不聽勸的人往往心胸狹隘。

如果當初沒有勸他，那麼他不論成功還是失敗，都沒有理由抱怨你。

當然還有一種情況，就是你如果勸說他，就說明你知道了他的想法，為了保密起見，他甚至可能殺你滅口。這種情況，在電影中算是屢見不鮮了。

所以，如果你不想跟他一起做，裝瘋賣傻反而比較安全。

後來，魯哀公還是動手了，他暗中勾結越國人，想讓越國人幫忙趕走三桓，結果反而被三桓趕走。

所以，**不管多好的朋友，人家已經決定的事情，就不要去操心了**。他有他的想法、他的理由、他的難言之隱。

交情夠深，勸說才有用

子夏是孔子學生中最聰明的，也是孔子學問的衣缽傳人，許多觀點都與孔子一致。不過，在勸人這個課題，子夏選擇了另一個角度，那就是勸人需要條件。

子夏認為，要讓老百姓去做什麼事，首先要取得公信，這樣百姓才會相信你的話；如果沒有取得公信，老百姓就會認為你在虐待他們。同理，如果你想勸諫君主，首先要取得君主的信任，否則君主就會認為你在誹謗他。

子夏曰：「君子信而後勞其民，未信則以為厲己也；信而後諫，未信則以為謗己也。」

（出自《論語．子張篇》）

子夏的話非常有道理。當你要去勸一個人的時候，必須先弄清楚你們之間的關係，他是否尊重你、信任你？簡單來說，你說的話對他而言是否有分量。

俗話說：「力微休負重，言輕莫勸人。」如果你根本不受他信任，就算你的勸說有道理，他也不會聽你的。甚至，他還會懷疑你的動機。比如鄰居夫婦吵架，你明明跟他們不熟識，還去勸那個老公，他可能就會懷疑你跟他老婆有什麼關係。

有兩個成語可以用來形容。一是「交淺言深」，交情很淺，完全沒有互信的情況下，卻談論很機密、重大的事，非常危險。引申來說，在沒有信任的情況下，你卻去勸說他，這很可能會自取其辱。

二是「疏不間親」，別人關係近，你的關係遠，你卻去離間人家的關係，這也很危險。引申來說，人家夫妻之間的事，不是你一個外人可以勸說的。

以下舉幾個歷史上的例子，先說《三國演義》：田豐是袁紹的謀士，袁紹與曹操交戰，有過幾次錯誤決策，田豐都勸袁紹，結果袁紹大怒，把他關進了監獄。後來袁紹戰敗，證明田豐都是對的。即便如此，袁紹還是派人殺了田豐。為什麼？第一，田豐勸告的次數太多了；第二，袁紹已經決定的事情，他依然勸告。

與田豐相反的是曹操的謀士賈詡。當曹操準備攻打吳國時，賈詡勸他不要。但當曹操已經決定出兵後，賈詡就不再說話了。

同樣的事也在諸葛亮的身上發生過。劉備為了替關羽報仇，執意攻打吳國，諸葛亮只勸了一次，劉備不聽，諸葛亮就不再勸了，只能悄悄為戰敗做準備。

相比較，賈詡、諸葛亮就比田豐更聰明，或是說更圓滑。**打仗要學《孫子兵法》**，**可是為人處世，還是要學《論語》**。

關於賈詡還有一則小故事。曹操很想立小兒子曹植為太子，賈詡則和大兒子曹丕關係比較好。但賈詡絕對不會去正面勸曹操，而是等待機會。

這天，機會來了。曹操問賈詡應該立誰為太子，賈詡假裝思考而不回答。曹操問他在想什麼，賈詡回答：「我在想袁紹父子和劉表父子。」曹操哈哈大笑，決定立曹丕為太子。為什麼？因為袁紹和劉表都是立了小兒子做太子，結果都敗亡了。

所以，賈詡不會正面勸說，卻用這樣的方式實現了自己的目的。

現代勸人難，不勸比較好

勸說這件事，在春秋戰國時期比較容易，因為那時的人比較謙恭、喜歡反思，也聽得進別人的意見。後來，人們越來越缺乏反思的精神，禁不起別人說自己的不好，因此越來越難勸，而且對勸說者很容易產生仇恨。

所以，春秋戰國時期極少有人因為勸諫國君而被殺的。後來就不行了，基本上沒人敢勸皇帝，勸不好全家砍頭。

我們這個時代，年輕人反思精神依然欠缺，獨生子女這一代基本上都以自我為中心，完全聽不進不同的意見，反省的意識更是薄弱，因此非常難勸。

所以這個時候，要讓一個人有所改變，靠勸說基本行不通。

也正是因為這個原因，勸人就更要小心謹慎。所以，**跟你沒關係的事，不要勸；跟你沒關係的人，不要勸；沒弄清楚情況的，不要勸。**

那麼，勸人需要注意什麼？

就算是朋友，勸一次就行了，不要有第二次；人家已經決定的事情，不要勸。世界上有些事情，無論你做什麼選擇，都一定會後悔。這種情況下，你去勸就一定沒有什麼好結果。

比如夫妻離婚，多數的離婚並不是因為什麼了不起的大事，而是由平時雞毛蒜皮的小事積累起來。所以不管離還是不離，都會後悔。如果離，孩子首先受影響，而離婚的雙方又會想起對方從前的好，因此遲早會後悔；如果不離，各種糾紛會繼續累積惡化，同樣會後悔。所以說，清官難斷家務事，旁人就更不要去勸了。

我認識一個人，她有個閨密常常抱怨自己的老公，氣得牙癢癢。於是她勸閨密離婚。可是閨密不但不離，還把這件事情告訴了老公。於是夫妻倆都開始仇視她。到最後，一片好心，落得兩個仇人。

所以，但凡跟你訴苦的，安慰一下就行了，千萬別幫著出主意，更不要勸。

同樣，上級之間的事情也不是你能勸的，如果你非要勸，最終一定是兩面不討好。這一類的事情不僅不要主動去勸，就算他主動來問，也要小心謹慎的回答。

第四章

說話得體的正確示範

前幾章提到的面子、口才和勸人，都和語言息息相關。要做好以上三點，語言表達能力至關重要。

相同的問題，有人回答得好，有人回答得差，這就是語言能力的區別。兩個水準相當的人面試同一個職位時，錄用與否的決定性關鍵，往往就是一句話。

有的人能一句話化解尷尬，有的人卻用一句話延續尷尬，這些都能反映出個人表達能力的優劣。

孔子自稱是個比較內向的人，但他的表達能力非常強，絕對是大師級的人物。到現在，我們還經常引用孔子說的話。

反問，面對刁鑽問題的大絕招

《論語》中，很多地方都展現了孔子卓越的語言能力。有的話必須牢記，因為常常會在社交場合用到，且效果非常好。

有人可能會問，難道《論語》中還有能運用到今天的話？當然有。就來看看其中四句，先說第一則故事：

季路問事鬼神。子曰：「未能事人，焉能事鬼？」敢問死。曰：「未知生，焉知死？」

（出自《論語．先進篇》）

季路問如何侍奉鬼神。孔子說：「沒能侍奉好人，怎麼能侍奉鬼？」季路說：「請問死是怎麼回事？」孔子說：「還不知道活著的道理，怎麼能了解死？」

這是季路剛入學不久，聽到孔子說要敬鬼神時，來向孔子請教的兩個問題。孔子其實也不知道鬼神究竟是什麼，但是他如果說「我不知道」，那麼作為一個老師就有點漏氣；如果說「我知道」，然後煞有其事的胡謅，那就是不懂裝懂、糊弄學生，這也是孔子最不想做的事。

怎麼辦？孔子採取的辦法是反問。對於季路問到的死，孔子也是一樣，他也沒死過，怎麼知道死是怎麼回事？可是也不能說不知道，所以也來個反問。而這兩個回答一出，季路也就不能再問同樣的問題了。

其實，類似的事情在子貢身上也發生過。子貢剛入學時，對孔子非常不服氣，常常出難題，想難倒孔子。

有一天，子貢想到了一個絕妙的問題。於是他問孔子：「人死了之後，究竟有沒有知覺？」

不論孔子回答有或沒有，子貢就會接著問：「你沒死過，你怎麼知道？」如果孔子回答不知道，子貢就會蹦蹦跳跳、哼著歌去告訴其他人：「原來孔老師也有不知道的事。」

孔子想了想，這樣回答：「要是我說人死了還有知覺，就怕孝順子孫葬我時過於隆重；要是我說沒有，又怕不肖子孫把我扔到亂葬崗餵狗。所以這個問題我不能回答。你如果真想知道，等你死了之後，自己慢慢體會吧。」子貢當場傻眼。

其實，自古至今，很多師徒間都有過類似的交鋒經歷，老師要鎮住這些刁鑽的學生，確實需要費些心思。

孔子教我們一個技巧：**當你面對一個刁鑽且難以回答的問題時，要先反問他。**當然，至於反問什麼，自己去體會吧。

我開玩笑的，說錯話時的救命稻草

再來說第二句。原文是這樣的——

子之武城，聞弦歌之聲。夫子莞爾而笑，曰：「割雞焉用牛刀？」子游對曰：「昔者偃也聞諸夫子曰：『君子學道則愛人，小人學道則易使也。』」子曰：「二三子！偃之言是也。前言戲之耳。」

（出自《論語・陽貨篇》）

孔子到武城，聽見禮樂的彈琴唱歌的聲音。孔子微笑著說：「殺雞焉用牛刀？」子游回答：「以前聽老師說過，君子學習了禮樂就能愛人，小人學習了禮樂就容易管理。」孔子說：「同學們，言偃說得很好。我剛才只是開個玩笑而已。」

子游（言偃）是孔子的得意門生，曾任魯國武城宰，也就是武城縣縣長。有天，孔子看見子游正組織鄉民學習禮樂，他說：「割雞焉用牛刀？」意思是說這裡窮鄉僻壤，用不到禮樂這樣高級的東西，結果被子游用自己說過的話反駁了。

孔子這時知道自己說錯了話，如果耍賴，肯定不行；如果認錯，也覺得不妥。怎麼辦？孔子來了一句：我剛才跟你開玩笑的。

千萬不要小看「前言戲之耳」，這可是古今中外替自己找臺階最好用的一句話。

三國時期，曹操與呂布交戰，活捉了呂布手下大將張遼。因為張遼不肯投降，曹操大怒，要殺張遼，這個時候劉備和關羽出面替張遼求情。

拒絕，好像不給劉備面子；要是接受請求，這人情都被劉備拿走了。這時曹操靈機一動，說道：「我亦知文遠忠義，故戲之耳。」意思是，我也知道你是個夠意思的人，我根本不想殺你，剛才只是跟你開個玩笑。

一句話，不只給劉備面子，好人也由自己當了。張遼還因此投降，後來成了曹操的心腹大將。

唐朝詩人白居易成名前，曾求見當時的知名詩人顧況，但顧況瞧不起他，說：「長安物貴，居大不易。」等讀到白居易的詩句「野火燒不盡，春風吹又生」時，不由得對白居易刮目相看，改口說：「有句如此，居亦何難？老夫前言戲之耳！」

著名相聲大師馬三立就有一句著名的口頭禪：「我逗你玩呢！」這句話其實在國外也很流行，也就是美國人常常說的「Just kidding」。所以，當你說錯話，收不回來時，怎麼辦？前言戲之耳，剛才就是開個玩笑。

你沒……我怎麼敢……是個好公式

再來說第三句。原文是這樣的——

子畏於匡，顏淵後。子曰：「吾以女為死矣。」曰：「子在，回何敢死？」（出自《論語．先進篇》）

孔子在匡地受到當地人圍困，逃回了衛國，顏淵比大家都晚逃回來。孔子說：「我以為你已經死了呢！」顏淵說：「夫子還活著，我怎麼敢死呢？」

當時孔子準備去陳國，路過宋國匡地時，被當地人誤認為是虐待過他們的陽虎（按：陽虎是春秋魯國人，孟氏族的族人，長相與孔子神似，但孔子不齒他專橫跋扈的作為），於是把孔子一行人圍在一個破廟裡。

他們只好找機會逃回衛國，回來後才發現顏回不見了。孔子以為顏回死了，內心很自責、內疚。過了兩天以後顏回才回來，孔子非常高興，脫口就說出：「我以為你死了呢！」如果是你，你會怎麼回答？

「我沒死。」、「你才死了，你全家都死了。」、「你們怎麼沒等我？討厭。」顏回回答得很好，他說：「夫子您還活著，我怎麼敢死呢？」

這個回答在邏輯上其實並不嚴謹，但是讓人聽了很高興。

從這句話中，你能感覺到顏回的淡定，以及他對孔子的尊敬。原本，孔子可能還得安慰他，或者解釋自己不小心丟下他的原因，現在都不用了，輕描淡寫就把這一篇翻過去了。

這句話也是一個固定公式：「你沒怎樣，我怎麼敢怎樣？」主要可以用來化解尷尬，或者純粹開玩笑。這非常實用，以下舉幾個例子：

趙將軍跟皇上出征，雖然打了敗仗，但逃過一劫。回來後發現皇上也逃了、還活著，只好硬著頭皮去見皇上，皇上有點不高興的問：「打了敗仗，王將軍、李將軍都戰死沙場了。趙將軍，你怎麼沒死？」

「皇上在，臣怎麼敢死？」趙將軍這麼說，就好像自己不是自願逃跑，而是為了繼續為皇上效力，才從戰場上苟且偷生。同時也隱含著一句反問：「皇上，您不是也沒死嗎？」

再舉例，跟老闆出去喝酒，喝多了之後老闆問你：「你怎麼沒醉？」要怎麼回答？你可以說：「老闆沒醉，我怎麼敢醉？」意思是老闆您都還沒喝到盡興，我當然不能自己先喝醉。

如果老闆喝醉了，第二天問你：「我都喝醉了，你怎麼沒醉？」怎麼辦？還是一樣回答：「老闆醉了，我怎麼敢醉？」意思是老闆您醉了，我還要保護您呢！怎麼能醉？看見沒有，這是個多麼好用的句子。

想表揚自己？先自誇，再自謙

再來說第四句。原文是這樣的——

蘧伯玉使人於孔子。孔子與之坐而問焉。曰：「夫子何為？」對曰：「夫子欲寡其過而未能也。」使者出。子曰：「使乎！使乎！」

（出自《論語．憲問篇》）

蘧伯玉（按：蘧音同渠）派使者去看望孔子，孔子與使者坐下交談，問道：「先生最近在做什麼？」使者回答說：「先生想要減少自己的錯誤，但未能做到。」使者走了以後，孔子說：「好一位使者啊，好一位使者啊！」

蘧伯玉是衛國的大夫，為人非常正直，對孔子幫助很多，孔子很尊敬他，尊稱他為夫子。蘧伯玉這個人以善於自省著稱，總是反省自己過去有什麼錯需要改正。這裡使者說，蘧伯玉正在努力減少錯誤，雖然聽起來好像有點自吹自擂的意思，但緊接著使者說「還沒做到」，立刻就有謙虛的味道了。

使者的一句話，既讚揚了蘧伯玉的自省精神，又替他謙虛，所以孔子讚嘆，認為使者的話非常恰當、有技巧。

所以，當你想表揚自己，又不想被人說太驕傲，最好的辦法就是先自誇、再自謙。這就像成熟的麥穗，麥稈很高、麥子飽滿，但總是低著頭，老師以前就常常用麥穗來形容有學問又謙虛的人。但是，如果說法反過來，效果就完全不一樣了。不僅會讓人認為你很驕傲，也讓人感覺虛偽。

比如，有的人經常說「我家其實沒什麼錢」，卻接著就說，他剛換了一輛賓士跑車。毫無疑問，這就是在炫富啊！

這種可以作為公式使用的精采語言，其實每個時代都有。

三國時期，鍾會很仰慕名士嵇康，於是登門拜訪。但因為嵇康很傲慢，令鍾會感到惱火，他立刻轉頭就走。於是，嵇康問道：「何所聞而來，何所見而去？」鍾會隨口答道：「聞所聞而來，見所見而去。」意思是指嵇康名不符實。就像絕大多數所謂的旅遊勝地，實際上都是「聞所聞而來，見所見而去」。

黃渤是當前炙手可熱的電影演員，與大多數影視明星褒貶不一的風評不同，他在圈內可說是廣受好評，並被認為情商非常高。其實，一個人的情商多半取決於他的語言能力。

有次，黃渤參加魯豫的訪談節目，魯豫問他：「你現在很紅，是嗎？」黃渤則回答：「當然，都能坐在這裡跟魯豫聊天了，能不紅嗎？」這個尷尬的問題，被黃渤輕鬆化解，還順帶著稱讚了魯豫的節目。

還有一次，黃渤擔任金馬獎頒獎人。當時與他搭檔的頒獎嘉賓問他，為什麼穿了件像睡衣的禮服？黃渤回答：「因為我這五年一直在金馬獎，這裡已經像家一樣，回到家一定要穿得舒服。」也曾有位女主持說突然發現黃渤變帥了，黃渤則回答：「美一直都存在，只是缺乏發現。」

黃渤的說話術，首先第一步，不反駁，先把話接下來；第二步，捧對方。難度在於怎麼銜接這兩步，而這就是他的厲害之處了。所以，好的語言是有方法的。先了解方法，再透過學習和實踐提升。

第五章

孔子不裝

扮深沉、扮高貴、扮高雅、扮高尚、扮憂國憂民，所有這些歸結為一個字，就是裝。但凡這種喜歡裝還有點學問的，就是我們常說的偽君子了。

人們越來越討厭喜歡裝的人，甚至有些人對人的最高評價就是兩個字：不裝。孔子就是一個不裝的人，並且他很討厭別人裝。

你的假裝，全因瞧不起自己

春秋末期，吳國是軍事實力最強的國家，太宰伯嚭（按：嚭音同痞，太宰為古代官職）則是吳國的實權人物。吳國攻打魯國，拿下魯國的武城後，兩國決定進行和平談判。太宰伯嚭就請執掌魯國國政的季康子來吳國軍營會面。季康子怕被吳國人扣留，所以就要子貢代替自己去。伯嚭看見季康子沒有來，非常生氣。

如果是其他人，這個時候可能就會裝可憐、裝無辜，或者裝得大義凜然，或者找些藉口，可是子貢卻沒有。子貢很從容的對他說：「如今吳國軍力強盛，又到了我們的邊境，季康子因為擔心來了會被殺而不敢來，這不是人之常情嗎？」

子貢的話讓太宰伯嚭大為意外，再加上這泰然自若的態度，讓他對子貢不禁有些敬畏，之後兩人相談甚歡，還成為朋友。子貢就是這樣。你裝，那我不裝，讓你也裝不下去。跟我談什麼周禮、世界和平，我就直接跟你講實話，告訴你季康子怕死。

後來，伯嚭從子貢那裡了解到孔子的情況，對孔子很佩服，於是問子貢：「孔夫子應該是個聖人吧？否則怎麼這麼多才多藝？」

「那當然，是老天讓我的老師成為聖人，又讓他這麼多才的。」子貢很得意的說。後來子貢去看望孔子，順便把這段故事講給他聽。

「唉！什麼聖人？我只是因為出身低賤，所以學了很多技能而已，君子是不嫌自己本事多的啊！」

太宰問於子貢曰：「夫子聖者與？何其多能也？」子貢曰：「固天縱之將聖，又多能也。」子聞之，曰：「太宰知我乎！吾少也賤，故多能鄙事。君子多乎哉？不多也。」

（出自《論語・子罕篇》）

在這裡，孔子原本是可以裝一裝的，說自己血統高貴、出生時天空閃電雷鳴、龍吟虎嘯之類的。可是，他偏不裝，說自己出身低賤。

插句話說，孔子不裝，可是後代的孝子賢孫們要幫他裝。那些解讀《論語》的人們，都竭盡全力證明孔子其實出身不低賤。但如果孔子真的出身高貴，卻非要說自己出身低賤，那是不是「犯賤」呢？

其實，很多人在這種情況下會假裝。比如有人哪天出人頭地了，就打死也不承認自己出身農家。這樣的裝，當然會被人瞧不起。

像孔子這樣，出身低賤但後來成為社會頂流的人其實很多，這類人多半會裝作自己出身高貴，因為他們擔心自己會被人瞧不起。但其實，這樣的擔心相當多餘，就像孔子，他坦率承認自己出身低賤，反而襯托出他日後的努力和成功。

所以很多時候擔心都是多餘，如果要裝，那麼你永遠是心虛的。相反，要是你坦誠直言、放下內心顧慮，反而會感覺輕鬆和自信，能得到人們的尊重。

如果你有敵人，那麼你任何的偽裝都可能成為敵人攻擊你的軟肋。你越是裝，這個軟肋就越是致命。就像學歷，用假學歷來包裝自己，就給了別人攻擊你的武器。你不裝、你自學，反而讓對手無機可乘。

其實，世界上很多事都是自以為，只要你放下，這些事就不存在。比如，你以為自己出身農家會被人瞧不起，但其實並非別人瞧不起農民，而是你自己瞧不起農民、瞧不起自己罷了。

不假裝，可以免去他人的攻擊

「不要假裝，只有沒有自信的人才需要裝。」孔子自己這麼做，也這麼要求弟子們。子貢深知這個道理，也是這麼做的。

陳子禽也是孔子的弟子，不過入學晚、年紀小，基本沒有受過孔子的教育。因此他有點瞧不起孔子，反而是子貢的粉絲，好幾次在子貢面前貶低孔子、吹捧子貢。

有一次，陳子禽又來找子貢，表示孔子周遊列國恐怕不是為了實現自己的主張，而是想追求名利。而子貢回答他：「老師當然追求名利了，難道這不是每個人的追求嗎？只不過，老師追求名利的方式是溫、良、恭、儉、讓。」

子禽問於子貢曰：「夫子至於是邦也，必聞其政。求之與？抑與之與？」子貢曰：「夫子溫、良、恭、儉、讓以得之。夫子之求之也，其諸異乎人之求之與？」

（出自《論語・學而篇》）

面對這種問題，多數人都會竭力證明自己無私奉獻，完全沒有追求名利的念頭。但結果要麼裝不下去而被嘲笑，要麼不停的被人追問和質疑。

可是，子貢不這麼做。追求名利怎麼了？誰不追求名利？你不追求嗎？人人都追求，憑什麼孔子不能追求？子貢就是這樣回答，不過他也強調孔子與其他人的不同，那就是追求名利的方式。子貢的回答，不僅直接駁斥了陳子禽，也讓他今後再也不能拿孔子追求名利來說事了。

孔子去世後，除了陳子禽質疑孔子周遊列國的動機外，也有人搬出孔子犯過的錯來攻擊孔子。對於這類攻擊，子貢依然採取「不裝」的策略應對。

子貢對那些攻擊孔子的人說：「是人都會犯錯，孔夫子當然也會。不過，君子犯錯，就像日蝕、月蝕一樣，絕不藏著、掖著，人人都能看見。而君子知錯則改，改了之後，人們會更敬仰他們。」

子貢曰：「君子之過也，如日月之食焉。過也，人皆見之；更也，人皆仰之。」

（出自《論語．子張篇》）

從那之後，再也沒有人在子貢面前說孔子也犯過錯了。所以，不裝有個最大的好處，就是一勞永逸的終止這個話題。

在很多情況下，道德是一件外衣。很多人穿著道德的外衣，站在道德的制高點上攻擊你。這時，如果你也披上道德的外衣，你就會很被動。而子貢的例子告訴我們，要露出自己真實的身體，並且讓對方也不得不脫下他們的道德外衣。

你裝，我不裝，讓你也裝不下去。但是，要做到不裝真的不容易。

比如，歷代解讀《論語》的名家們，都竭力證明孔子從來不犯錯、證明孔子每句話都是真理、證明孔子完全沒有名利心、證明他的每句話都是憂國憂民。

中國古代的文人其實是個很悲哀的群體，因為他們始終不得不裝，得努力證明自己讀聖賢書是為了報答皇恩，而不是升官發財，或是養活一家老小。

官僚們也是不得不裝，總是告訴人們做官是為了服務百姓，甚至貪官們在法庭上還要裝，說什麼忘了初心、還想再得到一次為人民服務的機會。裝習慣了，不裝都不舒服了。

其實，人人都在裝，我也是。

比如剛寫書時，有人說我寫書是為了賺錢，我就說我是想弘揚中華文明。後來，我的書在網路上開始收費後，也有人罵我，但我還是說一樣的話；我在網路上連載《論語的真相》時，有人說我抨擊大師們，都是為了嘩眾取寵、追求名利。我就說，名利於我如浮雲。

實際上，我寫書的主要目的真的是賺錢。我想活得好、受人尊重一點、早點實現財富自由，這有什麼問題嗎？不過，我不想昧著良心賺錢，我想為大家帶來閱讀的快樂，帶來知識、歷史的真相。我想在這樣的前提下賺錢。賺錢，不是一件理直氣壯的事情嗎？所以學習《論語》後，我決定不裝了。不過，很多人還在裝。

裝，是自己套上的枷鎖

說到裝，當然就要說說〈國王的新衣〉這則寓言故事。國王難道從來沒有懷疑自己沒穿衣服嗎？大臣們和看熱鬧的百姓們難道都沒有發現嗎？當然有，不過為了不被說自己愚蠢，只好大家一起假裝。

所以，裝就像謊言一樣。為了一個謊，有時候必須編造另一個謊言，甚至得不停的編下去。只要開始裝，你可能就得一直裝到最後，直到真的裝不下去為止。

以前，尤其是春節期間，火車票很難買。有個人為了炫耀自己有門路，假裝自己在北京火車站有熟人，能買到票。結果春節前，公司裡有人要買票，聽說他有熟人，來請他幫忙。怎麼辦？這個時候是裝還是不裝？

他選擇繼續裝，裝生病，然後連夜去火車站排隊買票，排了兩天，終於買到了。

其他同事聽說他買到了票，又有五、六個人來請他幫忙。現在，是真裝不下去了。於是，真相大白，他落得灰頭土臉、被人笑話。

不裝，其實有很大的好處。

首先，你會活得坦蕩，沒有那麼多心理負擔，不用想著怎樣自圓其說。其次，你會有更自由的空間。

比如，別人說孔子是聖人，孔子不裝，不承認自己是聖人，說自己就是一般人，這就留給自己更多的空間。

試想，如果孔子接受了聖人的稱號，他就必須用聖人的標準要求自己，不能犯錯、不能追求名利、更不能隨便開玩笑，尤其是三俗玩笑（按：三俗指庸俗、低俗、媚俗）等。相反，他不承認自己是聖人，那麼他今後可以做的事就很多。

所以，**裝，往往是替自己戴上了枷鎖**。

裝分成向上裝和向下裝，舉個現實例子：相聲界裡有的人水準很差，卻仗著權勢做出一副一代宗師的架勢，這就是向上裝，讓人噁心。

而郭德綱分明是大師的水準，卻口口聲聲自稱相聲界的小學生，這也是裝，是向下裝。雖然也是裝，卻是大家能夠接受的。有些喜歡挑刺的人吹毛求疵，郭德綱就可以說：「你看，我就是個小學生，犯這個錯很正常啊。」

所以，盡量不要裝。實在忍不住，那就向下裝。

當一個人裝得太厲害時，所謂的白天做人、晚上做鬼，人前做人、人後做鬼，這樣的人往往會有心理問題，也就是人格分裂。這是一種疾病，一種非常嚴重的心理疾病，要治。所以，不要裝。

不裝，至少有完整的人格，能像個人一樣生活。

第六章

在邦無怨，在家無怨

但凡讀過《論語》的人，都知道《論語》的開頭第一篇是這樣的——

> 子曰：「學而時習之，不亦說乎？有朋自遠方來，不亦樂乎？人不知而不慍，不亦君子乎？」
>
> （出自《論語．學而篇》）

對這篇的解讀，歷來都說是強調學習的重要性，但其實不是這樣。這是孔子對自己一生的總結：學習了學問，卻沒有應用的機會，不過能常常拿來溫習，也很快樂；在自己的祖國魯國沒什麼朋友，但是常常有從衛國來的朋友，也很快樂；自己的主張沒有得到認同，但不惱火、不抱怨，不就是君子的品格嗎？

孔子在一生中一直不斷努力著，但理想很豐滿、現實很骨感，他最終遭致的是挫敗。可是他能自得其樂、不抱怨。不抱怨，是君子的重要標誌之一，也是孔子反覆強調的品格。

為什麼君子不抱怨？很簡單，因為抱怨很糟糕。不只沒有任何實際作用，還有一大堆壞處。首先，抱怨給了你自己找藉口的機會，因為你必須讓自己的抱怨聽起來合理，而找藉口的過程又會衍生大量的壞處。

比如你考試沒考好，這個時候如果抱怨老師沒教好、教室太吵等，就找到放縱自己的理由。如果你的抱怨被老師聽到了，他又會怎麼想？

其次，抱怨讓你失去反省的機會。抱怨一定是針對別人，當你把責任推給別人時，你就不會反省自己。不懂反省，也就不懂得改正。此外，也會讓人感覺你很弱，因為人們會認為你不敢面對現實。

再者，抱怨會讓人際關係惡化，因為沒有人會想被你抱怨。事實上，當你對某人有抱怨時，就算不說出來，一個臉色、眼神都能表達。有職場經驗的人都知道，喜歡抱怨的人在辦公室裡都沒有朋友。總結一句話，**抱怨是弱者的特質**。

過高的期望帶來抱怨

我見過兩種極少抱怨的人。一種是絕對的弱者，這種人天生知足常樂、逆來順受，常常受欺負，卻不讓人討厭。很難說這種特質是好是壞，但這肯定學不來。

另一種就是強者了，面對困難或挫折，總能冷靜的反省自己、尋找解決問題的方法，從不把精力和時間浪費在沒有意義的抱怨上。這種人往往喜怒不形於色，總是一副溫和或者嚴肅的樣子。在中國歷史上那些成功的人，多半具有這樣的特質，比如曹操。赤壁之戰敗成那個樣子，他沒有一句抱怨，還笑得出來。

有的人以為成功的人總是會成功，其實不然，成功的人和失敗的人在一開始是一樣的，但他們的不同從第一次失敗開始。**失敗的人會在第一次失敗時開始抱怨，而成功的人會在第一次失敗後反省和總結。**

孔子有個弟子名叫宓子賤（按：宓古音同伏，現今多讀作「密」），孔子非常喜歡他，誇獎他是個君子。

子謂子賤，「君子哉若人！魯無君子者，斯焉取斯？」

（出自《論語・公治長篇》）

那麼，是什麼品德讓孔子這麼欣賞他？事情是這樣的：

孔子同時推薦了宓子賤和自己的侄子孔蔑去做官，過了一段時間，孔子去看望他們。孔子問孔蔑：「自從當官以來，有什麼得失啊？」

孔蔑開始抱怨，一邊掰手指頭一邊說：「叔叔，要說得到什麼，還真不知道。不過要說失去什麼，那至少有三樣。第一，公務繁忙，沒時間學習；第二，薪水太少，連喝粥都不夠，不能照顧親戚，因此他們都疏遠我了；第三，還是公務繁忙，沒時間參加朋友的婚禮、葬禮等，朋友們也疏遠我了。唉！當官真不是人做的事。」

孔子用同樣的問題問宓子賤，宓子賤說：「失去的，好像沒有，但得到的挺多，至少有三樣。第一，當初讀的書，現在都可以實踐，所以學問變得更明白；第二，薪水雖然不多，可是能讓親戚們有口粥喝了，所以關係更親近了；第三，雖然公事繁忙，但還是能抽出時間參加活動、探望生病的人，所以與朋友們也更親近了。」

同樣的三件事，宓子賤和孔蔑的回答截然相反。孔蔑只知道抱怨，而宓子賤懂得感恩。為什麼會這樣？因為期望不同。孔蔑的期望值太高了，他以為當了官以後就能什麼也不做、只管吃香喝辣，結果發現不是這樣，因此很失望；宓子賤不同，他知道當官很累，他的期望值不高，能得到一定的薪水就很滿足了。

所以，要避免抱怨，一個可行的方法就是**降低期望值**。

比如，兩個工作條件和薪資待遇相同的公司同時招攬人才，一間公司把自己誇得天花亂墜，另一間公司則實事求是。當第一家公司的新員工報到後，發現現實遠低於期望值，就會抱怨連連；而第二家公司的新員工報到後，發現現實情況高於期望值，於是就會踏實工作。最終，一定是第二家公司勝過第一家公司。

對於個人更是如此，很多人把對自己和對孩子的期望值都設定得很高，結果就是互相抱怨。這讓我想起古人的一句話：「晚食以當肉，安步以當車。」（按：意思是，沒有肉吃，就等餓一點再吃，吃起飯來就更香；沒有車坐，就悠閒的走路，當作是乘車。指人安貧樂賤。）

求仁而得仁，又何怨？

伯夷和叔齊是商朝末年孤竹國國君的兩個兒子，兩個人都不想繼承國君的位置，於是投奔周國。後來周武王伐商，兩人極力反對，認為這是叛亂。再後來周朝取代了商朝，他們便發誓不吃周朝的糧食，跑到了山裡，吃野菜過活。砍柴的王大哥就跟他們說：「現在什麼都是周朝的，這些野菜也是周朝的，你們也別吃啊。」結果，他們很有骨氣，野菜也不吃，就活活餓死了。這就是「不食周粟」的故事。子貢聽了這個故事，就來問孔子怎麼評價這兩個人。

「就是古代的賢人啊。」孔子回答。

「那他們會不會有怨恨？」子貢接著問，因為他覺得這兩位就這樣餓死，有點冤。「他們求仁而得到了仁，為什麼會有怨恨？」孔子說。

子貢曰：「伯夷、叔齊何人也？」曰：「古之賢人也。」曰：「怨乎？」曰：「求仁而得仁，又何怨？」

（出自《論語・述而篇》）

孔子之所以說他們是賢人，是因為他們很真實，堅持自己的價值觀。但是對他們的價值觀本身，孔子是不贊成的，因為這顯然就是不知天命啊。

子貢是指，這兩人活活餓死，會不會對周朝有怨恨？

而孔子的意思是，自己選的路，有什麼好抱怨的？

要注意的是，這裡的「求仁而得仁」並不是讚賞，只是單純指「求什麼而得到什麼」。按照孔子的邏輯，君子做任何事情都應該符合自己的價值觀，因此無論結果如何，都不該抱怨。孔子的看法對嗎？當然。當你做出了自己的選擇之後，如果成功了，榮耀你來享受。如果失敗了，後果當然也得自行承擔。

不抱怨，說起來簡單，但是做起來絕不容易。事實上，絕對的不抱怨是無法做到的，就連孔子也做不到。有次，孔子向子貢說：「唉，都沒有人了解我啊！」

「夫子怎麼這麼說？」子貢問道。

「我不埋怨天，也不責備人，下學禮樂而上達天命，了解我的只有天吧！」

子曰：「莫我知也夫！」子貢曰：「何為其莫知子也？」子曰：「不怨天，不尤人。下學而上達。知我者，其天乎！」

（出自《論語．憲問篇》）

不怨天，不尤人，不怨天尤人。瞧，孔子說得多好。可是整段話裡，難道沒有一絲抱怨的意味嗎？那麼，怎樣才能盡量避免抱怨？

從《論語》中，其實已經看到了答案。

首先，樹立「求仁而得仁，又何怨」的思維理念，自己決定做的事情，不論過程中出現什麼意外，不論結果如何，坦然接受、不要抱怨。

其次，期望不要過高。否則一旦結果遠低於期望就會失望，失望就會抱怨。

在現實的社會中，這一點尤其重要。一方面是從小的偉大理想教育，另一方面是社會的攀比風氣，導致每個人都有偉大理想，對自己的期望值高，對孩子的期望值更高。結果就是期望越高，失望越大、抱怨越多。

有人會說自己的期望值並不高，結果也是失敗，怎麼辦？那就要像孔子一樣學會調整心態，要懂得退而求其次。比如，可以這樣安慰自己：雖然公司破產了，可是好歹收穫了一個老婆啊。

不可能絕對不抱怨，但在不同場合，有不同方式。在恰當的場合以恰當的方式來釋放抱怨，不失為一個好辦法。而有的場合則要盡量避免，否則後果不堪設想。

比如，孔子在失望時會用擊磬來釋放抱怨。磬是一種石製樂器，聽起來就很無精打采；有的人用寫日記來抒發，而現在人們多半喜歡用吐槽來表達抱怨。

哪些場合要盡量避免抱怨？

冉雍（字仲弓，孔子的弟子）在去季孫家做管家前，孔子曾對他說：「在邦無怨，在家無怨。」也就是說，在朝廷不要抱怨，在季孫家也不要抱怨。

換言之，如果你是公務員，在單位不要抱怨；如果你在公司上班，在公司也不要。不論是主管還是同事，沒人喜歡愛抱怨的人。

在家裡不要抱怨，因為抱怨會傷害家人。在婚姻生活中，夫妻關係不佳的最大原因就是抱怨，有的是單方面，有的是雙方互相。但凡是後者，基本上以離婚收場。

有一個故事值得一提：

賈題韜是當代中國象棋名家，家在成都，喜歡佛學。文革時他被批鬥、關牛棚，可是他沒有怨言，始終保持樂觀。一位女同事平時也喜歡佛學，此時也被批鬥，她非常痛苦、暗中抱怨。於是，賈題韜悄悄塞了張紙條給她，上面寫著七個字：此時正是修行時。女同事因而豁然開朗。

把苦難當作修行、把挫敗當作磨練、把勞動當作健身、把失戀當題材。肚子餓了，吃飯更香；尿憋久了，撒出來更有快感。有這樣的心態，你還會抱怨嗎？

第七章

反省就是學好的，改壞的

上一章提到不抱怨，再來就要反省自己，否則不抱怨就等於躺平，沒有意義。老鼠如果曾經差點被捕鼠器夾住，牠就再也不會接近捕鼠器，為什麼？因為牠自我反省後，決定改進自己的行為。就連蒼蠅和蚊子，也都有自省能力。

人類為什麼進步？為什麼能夠統治世界？就是因為人類的自省能力超越地球上所有的生物。自省非常重要，要學習進步、適應世界、職場晉升，都要懂得自省。《論語》中有很多關於自省的章節，我們按照順序來說說其中的四段。首先：

子曰：「君子求諸己，小人求諸人。」

（出自《論語・衛靈公篇》）

這段話在歷史上的譯文都不準確，傳統譯文把「求諸」理解為請求或要求，其實，春秋時期「求」的主要意思是追究，比如現在還在用的「求責」，就是追究責任的意思。

這段話是指，當出現問題或挫敗時，君子會追究自己的原因，而小人則追究別人的責任。追究自己的原因，就是自省；而小人不懂得自省，一旦出問題，就是千方百計推卸責任，把責任歸咎於別人。

在現實生活中，我們見到的君子多還是小人多？當自己遇到問題時，是承擔責任還是推卸責任？

自省的好處：提升自己，遠離怨恨

再來說第二段。原文是這樣的——

子曰：「躬自厚而薄責於人，則遠怨矣。」

（出自《論語・衛靈公篇》）

也就是說，一個人要踏實又持續的提升自己，不要對別人有太多要求、責怪，這樣就能遠離怨恨了。

關於這段話，傳統譯文依然不太準確，經常把「自厚」理解為對自己嚴厲責備。其實，在中文的搭配詞中，有一類字專門用來搭配褒義詞，另一類字則搭配貶義詞。比如奔和馳，奔專搭貶義詞、馳專搭褒義詞。同樣，厚只搭褒義詞、薄只搭貶義詞。

這段話在意思上正好承接上一句，也就是一個人遇上困難後要反省自己，找出自己身上的問題，從而提升自己。同時，不要責怪、過度要求別人。

自省，除了能提升自己，還能遠離別人對自己的怨恨。如果你不懂得自省，總是把責任推給別人，那麼必然招來別人的怨恨，甚至反目成仇。

為什麼常說「朋友不適合一起創業」？就是因為當大家的利益綁在一起時，如果有一方不懂得自省，遇到問題總是推卸責任，雙方一定會產生抱怨，最終不只創業失敗，也無法繼續當朋友。從這個角度說，也不是絕對不能和朋友合夥做生意，如果雙方都懂得自省，不僅生意能越做越好，友誼也會越來越堅固。

所以，自省有兩大好處：提升自己，遠離怨恨。

既然自省這麼好，具體來說要怎麼實行？曾參提供了範本：

曾子曰：「吾日三省吾身：為人謀而不忠乎？與朋友交而不信乎？傳不習乎？」

（出自《論語・學而篇》）

曾子說：「我每天在三個方面反省自己，為人辦事是不是盡心竭力？和朋友交往是否做到誠實可信？老師傳授給我的學業有沒有溫習？」

曾子就是曾參，在孔門弟子中以品格高尚著稱，既不像顏回那樣虛空，也不像子夏那樣高傲、子張那樣虛偽，更不像子貢那樣高不可攀。正是因為曾參穩重而踏實，孔子去世時才會把他的孫子子思託付給曾參。

他是怎麼達到這樣的品格？就是因為自省精神。

曾參每天會在三個方面反省自己。注意，是三個方面，而不是三次。三次多到除了反省，就什麼也不用做的程度。這三個方面就是做事、做人和學習知識。曾參的反省模式可以說是一個標準範本，看似三個方面，實際上涵蓋了各方面。

曾參做人的周到細緻，可見一斑。

子思在曾參的照料培養之下，後來也成為一代大儒。為什麼？因為曾參每天反思的第一項就是為人謀而不忠乎，也就是自己對老師的託付是不是做好了。在這樣的情況下，子思怎麼可能不茁壯成長？

反省，就是學習好的，改掉壞的

那麼，除了反省自己之外，是不是也可以反省別人？

子曰：「見賢思齊焉，見不賢而內自省也。」

（出自《論語・里仁篇》）

孔子說：「見到賢人，就應該向他學習、看齊；見到不賢的人，就應該對照他自我反省。」

有一次女兒做錯事，並且不接受批評，於是我們父女倆就吵了起來。最後，決定大家各自反省。後來，我問女兒反省的結果是什麼？她說：「如果你對我態度好一點，我就不會跟你吵架了。」

這樣的反省就是幫別人反省，而不是反省別人。

反省別人是什麼？就是透過別人的問題、失敗，從中思考自己有沒有同樣的問題、是否需要改正。看見別人做得很好時，就去想別人為什麼能做好、自己有沒有同樣的優點？如果沒有，就去學別人。

比如，你看見某位同事得到所有人的喜愛，那麼他一定有某種特質，像是樂於助人、善解人意等，那麼就要學習他；看見某位同學成績好，且念書一點也不費力，那就去請教他、向他學習。

向好的人、事學習，即便你追不上，也一定能提升自己。

而看見別人有不好的習慣，要反思自己是否也有相同的習慣，並立即改正。學習好的、改變壞的，你的自省就發揮了作用。

這段話的另一個含義就是要學習。自省，當然是自我反省，但是這不等於悶頭去想，也不等於把自己關在小屋裡冥思苦想，或者對著荒野格物致知。

比如創業失敗，光是反省自己，很可能效果不佳，為什麼？因為你本身缺乏經驗與相關知識，也就缺乏深刻反省的條件。所以這時必須學習——跟成功的人學習。可以向朋友諮詢，或者閱讀人物傳記、企業傳記，也可以學習相關的專業知識。從別人那裡學到知識、經驗，再去反省自己，就會恍然大悟了。

所以切記，自省雖然是自我反省，但不是只想自己，還要放開眼界，從別人的知識和經驗中來看自己。從另一個角度來看這段話，就是換位思考，以旁人的眼光來看自己的行為。

在孔子的時代，自省是件常見的事，因為周禮文化給了大家自省的機會，從最高統治者就開始自省。比如天降災難後，最高統治者就會去祖廟自責，認為正是因為自己的過錯導致上天的懲罰和警示。

春秋霸主楚莊王曾有段時間很鬱悶，問他為什麼這麼鬱悶？他說，因為已經很久沒有發生災難了，這是不是表示上天已經拋棄他，不再給他警示了？

秦朝開始的封建社會進入專制集權時代，自省精神則從此喪失，皇帝不會認錯，災難不再是上天的警示，而是皇帝戰天鬥地的遊戲場。上行下效，自省就成了奢侈品。那麼，《論語》給我們怎樣的啟示？

反省的重點，因人而異

要懂得自省，要懂得反省別人。好的，保留發揚和學習；不好的，改正和預防。懂得反省，就能提升自己、遠離怨恨。有了自省的思維習慣，就能隨時隨地的反省自己。曾參能一日三省，但不是每個人都做得到，也不是每個人都必須做。自省的頻率和範圍因人而異，沒有必要照單全收。

現代社會的生活及工作節奏都很快，也因此人們變得更忙碌、壓力更大。在這種情況下，就更應該自省，但是頻率不用這麼高，大約每週一次、兩次就夠了。

除了自省外，也可以請別人幫自己反省，也就是所謂的「批評和自我批評」。理論上這是個好方法，可是往往會因為參與者沒有自省意識，反而成了互相揭短、推卸責任的場合。但如果是幾位具備自省能力的朋友一起互相反省，依然是個好辦法。

曾參的反省很全面，但是並非每個人都需要。通常，哪些方面對你最重要，你就在那些方面反省；哪些方面你做得不好，你就在那些方面反省。所以，在開始反省前，首先要弄清楚你最需要在哪些方面反省。

比如，一個肥胖的人，他最急切的是減肥，他可能每天要反省自己的飲食是否合乎健康標準；新入職的職員，最急切的是融入新的環境、站穩腳跟，所以他可能要反省的是自己對同事的禮數是否周到、對主管的要求是否理解正確。

前面已經提到，專制集權是自省文化的大敵。對於團隊、公司或者部門而言，領導者會決定這裡的自省精神的有無和程度。如果你是主管、老闆，要為自己的部屬、員工提供自省的條件。

試想，如果犯了錯就會被槍斃，誰還敢承認錯誤？誰還能自省？每個人的第一反應一定都是推卸責任。所以**容錯，是讓人反省的第一重要條件**。不能容錯，就沒有自省。我們常說：多做多錯，如果不能容錯，誰還會多做？

有些高科技公司會鼓勵員工嘗試，甚至鼓勵犯錯。正因為有這樣的容錯文化，人們願意自省、願意嘗試、願意多做事。同樣的，要培養孩子的自省能力，家長不僅要創造自省的環境，更要以身作則。自己做到了，孩子就能做到。

第八章

犯錯不可怕，認錯不可恥

我們常說：「人非聖賢，孰能無過？」是人，就會犯錯。而越是成功的人，就越可能犯錯。每個外表光鮮的成功人士背後，都是由一個個錯誤積累起來的。所以我們有句俗話叫做「失敗為成功之母」。

前兩章說過，面對挫折和失敗時，不要抱怨、要自省。再來，就要認錯、改錯。對於錯誤，有的人坦然承認、有的人視而不見、有的人狡辯抵賴。

那麼，孔子是怎麼說，又是怎麼做的？

那年，孔子周遊列國來到了陳國，在陳國，孔子拜會了陳司敗。其實，陳司敗不是人名，而是官職。司敗就相當於現在的最高法院院長，陳是陳國的意思。

兩人聊天時，陳司敗問孔子，魯國國君魯昭公懂不懂周禮？孔子說：「那還用說，當然懂。魯國是禮儀之邦啊！」

陳司敗很有風度，不願當場批評孔子。所以當孔子離開後，他才對孔子的弟子巫馬期說孔子說錯了，魯昭公不懂得禮。

為什麼陳司敗這麼說？因為按照周禮，同姓不能通婚，可是魯昭公娶了吳王的女兒，吳王也姓姬。

為了遮掩這一點，她原本應該叫吳姬或吳孟姬，卻故意改稱為吳孟子，讓人以為是從宋國娶回來的。

巫馬期把這句話告訴孔子，孔子既沒有生氣也沒有尷尬，而是非常高興，因為自己犯了錯誤能被人指出來，今後就不會再犯了。「我真是幸運啊！一旦犯了錯，就必定有人知道。」孔子不僅認錯，還非常高興。

陳司敗問昭公知禮乎？孔子曰：「知禮。」孔子退，揖巫馬期而進之，曰：「吾聞君子不黨，君子亦黨乎？君取於吳為同姓，謂之吳孟子。君而知禮，孰不知禮？」巫馬期以告。子曰：「丘也幸，苟有過，人必知之。」

（出自《論語．述而篇》）

這就是我們所說的「聞過則喜」了。這裡，陳司敗的做法也非常好。

有人可能會問，為什麼孔子不說「前言戲之耳」？是因為說話的對象不同啊！跟自己的學生可以說「我逗你玩的」，跟陳司敗怎麼能這樣說？

主動認錯，是君子

孔子對自己的弟子們一直都這樣要求，要他們有錯認錯，認錯改錯。孔子就曾對子貢說：「要以忠信為原則，有了過錯，就不要怕改正。」

> 子曰：「主忠信，毋友不如己者，過則勿憚改。」
>
> （出自《論語．子罕篇》）

且孔子認為，有錯誤並不可怕，改了，就是可貴的。

> 子曰：「法語之言，能無從乎？改之為貴。」
>
> （出自《論語．子罕篇》）

孔子還說，犯錯本身並沒有什麼大不了的，甚至不算是過失。知道自己犯了錯，還不肯改，這才是真正的過失。

> 子曰：「過而不改，是謂過矣。」
>
> （出自《論語．衛靈公篇》）

從這裡我們能夠看出，孔子對於犯錯相當包容，他不能原諒的是犯錯後卻不認錯、不改過。

春秋時，晉靈公暴虐無道、濫殺無辜，因此士會進諫。晉靈公當即表示：「我知過了，一定會改。」士會很高興的說：「人誰無過？過而能改，善。」

人都會犯錯，那些聲稱自己永遠正確的人，不是愚蠢，就是無恥。有人會說，這個道理人人都懂，認錯看起來也不難。比如學校裡的小朋友，或是員工在老闆面前，都經常認錯，下級官員在上級官員面前那更是常態，有時甚至沒錯也得認錯。

但是要搞清楚，孔子所說的認錯以及知錯能改，是主動而不是被動、強迫的。而我們上面所舉的認錯，全部都是被動、強迫，或者主動被強迫的。

這樣的區別其實就是貴族精神和奴才精神的區別。

對於貴族精神來說，錯了，我就認錯，不需要別人強迫。沒錯，我就不認錯；強迫我，我也不認。奴才精神呢？錯了，我就是不認錯；強迫我，我就認錯。沒錯，我不認錯；強迫我，我就認錯。

那麼，如果一個人明知錯了卻不認錯，他會怎麼做？掩飾、抵賴、狡辯。子夏認為，這就是小人的特徵。

子夏曰：「小人之過也必文。」

（出自《論語・子張篇》）

在這裡跟大家說一個關於孔子晒書的故事。

孔子的書房屋頂漏水，所以下雨時很多書都溼了。等天氣變好，弟子們急忙把書拿出來晒。子路一邊晒、一邊認錯：「夫子，都是我的錯，書房一直是我在管理。如果我沒有懈怠，書就不會被淋溼了。」

一旁顏回也認錯：「我這幾天一直在書房看書，看到屋頂有些破損卻沒有放在心上。如果我多用點心，就不會發生這樣的事了。」而孔子也認錯：「這不怪你們，都是我的錯。按照往年慣例，雨季前都要重新加固屋頂。我這幾天忙忘了，沒有提醒你們，是我疏忽了。」

三人爭著認錯，三人都是君子。如果三個人互相推卸責任？就是一群小人了。那麼，我們把君子小人放一邊，來分析認錯改錯的問題。

人生，其實都在認錯中成長

為什麼有的人不認錯？一是認為丟臉，二是怕承擔責任，而懂得認錯、改錯的人就恰好相反。前面提過，如果犯錯就要槍斃，就沒有人願意反省，人人都會推卸責任，也沒有人會認錯了。所以，要讓人敢於認錯，包容是最基本的條件。

譬如皇帝某天心血來潮，讓臣子們提意見，說是言者無罪、絕不追究。誰知道大家一提意見，他就受不了還大發雷霆，結果提意見的人都成了大逆不道、大不敬的代表。像這樣，今後誰還敢提意見？

所以，契約文化是認錯、改錯的基石。

當你不認錯、不改錯、不承擔責任時，這個責任就要由無辜的人，或者由大眾來承擔，對於君子來說，這是沒有尊嚴的事情，他們無法面對大眾鄙夷的目光。因此，他們寧可認錯和承擔責任，他們認為這樣比被人鄙視更有面子、更有尊嚴。所以，貴族文化也是認錯、改錯的必要環境。

你會說，這三個條件我們都沒有，所以我們不認錯、不改錯，就是理所當然、堂而皇之。但是，有的時候要反過來想。比如，做生意需要契約精神。這時你會發現，認錯、改錯能夠催生你的契約精神，讓你成為一個優秀的商人。

舉個簡單的例子，一個企業接受了一筆訂單，可是出貨後，買方發現品質不合格，事實上確實品質不合格。這個時候賣方老闆有兩個選擇，第一是抵賴不認，賺到這筆錢；第二是承認錯誤並補救，賠償對方或者重新出貨，寧可虧錢也要堅持契約精神。不認錯的人基本上做不了幾年生意就會破產，而認錯的通常會越做越大。

事實上，那些很成功的企業家都有過類似的經歷。認錯、改錯反而造就他們的契約精神，得到更多客戶的信任，從而企業越做越大。

敢於承擔責任，俗稱有擔當。

漢高祖劉邦實際上並沒有什麼過人的才能，但為什麼最終是他統一天下？原因就是他敢於承擔責任。一開始其實並沒有人推薦劉邦帶頭，但是其他人都因為擔心起義失敗後，會被秦朝酷刑處死並牽連全家，所以都退縮了。只有劉邦挺身而出，於是成了起義軍首領。

如果敢於認錯能夠讓你成為一個有擔當的人，是不是可以試一試？

工程師寫程式，是一個試錯的過程，錯了改、再錯再改，直到把所有的錯都改正，程式才算完成。沒有一個工程師會為自己的錯誤狡辯，因為那毫無意義，也沒有哪個工程師會為自己程式上的錯誤感到慚愧，因為這本身就是一個試錯的過程。電腦不需要你慚愧，只需要你改正。

經過無數次的試錯後，你就會成為一個優秀的工程師了。所以，每一次犯錯都是一筆財富。

人生也是一樣。每個人都會犯很多錯誤，也都在錯誤中成長。狡辯其實也毫無意義，拒絕認錯、改錯，只會讓錯誤累積，並最終爆發。那些歷史上的暴君就是這樣，他們永遠不會認錯，以為這就證明他們從來不犯錯。但是他們不知道，報應總會來到，最終他們會為自己的不認錯、不改錯付出沉痛的代價。

慚愧也是，因為這改變不了你犯的錯。唯一有意義的是認錯、改錯，這樣才能彌補你的過失，並且讓自己進步。

自省，並擁有接受批評的勇氣

戰國時期，因為聽信了別人的讒言，燕惠王免去了樂毅的職位。後來當燕惠王意識到自己的錯誤時，他寫了一封很長的道歉信給樂毅，把自己罵得狗血噴頭。

將相和的故事大家都知道。當將軍廉頗意識到自己誤解了藺相如時，他赤裸上身、背負荊條走過邯鄲的大街，跪在藺相如的門前請求原諒。

為什麼他們對自己的錯誤有這樣的勇氣去承擔？說來說去，都是因為貴族精神。尊嚴是貴族精神最重要的內容之一，犯了錯當然有損尊嚴，但是燕惠王和廉頗知道，犯了錯誤而拒絕承認、改正，是十倍的有損尊嚴。他們寧可讓人說「你看，他犯了錯」，也不願意讓人說「你看，他明知錯了還不認錯」。

事實上，無論是燕惠王的道歉信還是廉頗的負荊請罪，都得到當時以及後人的高度評價，這證明認錯、改錯不僅無損尊嚴，還能把掉下去的尊嚴撿起來。

而後來為什麼人們失去了這種態度？有的人有錯不認，有的人認錯但是不改錯。世界上有兩種最糟糕的有錯不改，一種是愚蠢而固執，一種是聰明而過於自信。愚蠢而固執的人因為愚蠢而意識不到自己的錯誤，甚至也無法聽懂別人的解釋。與此同時他還很固執，一定要一條道走到黑（按：為了達成目的，義無反顧、不顧後果，堅持走到底。既有褒義也有貶義）。

比如說別人勸告他不要跟流氓合夥做生意，可是他偏要，每一次被流氓坑，他都不認為是流氓的問題，仍一步步陷下去，直到被流氓坑死。

還有一類人非常聰明、能幹，且成就非凡，卻因此過度自信，並拒絕其他人的意見，最終一招不慎滿盤皆輸。三家分晉時的智瑤、前秦的苻堅、德國的希特勒都是這樣的人，當今世界上也不乏這樣的人，那些曇花一現的明星企業家，通常就是如此。

所以，一定要有合理的糾錯機制。為什麼有百年企業、百年老店？靠的不是不犯錯，而是合理的糾錯機制。

那麼對於個人來說，有沒有類似的糾錯機制？當然有。一個人知道自己的錯誤有兩種途徑，一種是自省之後的自我發現，另一種是被別人指出。所以，**首先你要有自省意識，其次你要有接受批評的勇氣**。

子路是個不怕死的勇士，常常炫耀自己的勇氣，孔子笑話他說：「你那不叫勇，只能叫好勇。」就孔子看來，真正的勇不是打架不怕死，而是面對錯誤勇於認錯、改錯、承擔責任。真正的勇不是戰勝別人，而是戰勝自己的虛榮與怯懦。

在職場，你認為老闆會喜歡不敢認錯、不敢負責任的人嗎？為人父母，你希望你的孩子是個不認錯、不改錯的孩子嗎？要讓自己的部屬勇於認錯、改錯、要讓自己的孩子勇於認錯、改錯，光是靠說教沒有用，必須以身作則。

其實作為一種技巧，父母不妨故意犯錯，然後在孩子的面前認錯，這對於孩子來說會是一個非常好的示範。總之記住一點：**犯錯並不可怕，認錯也並不可恥，而知錯不認、知錯不改才最可悲。**

第九章

孔子對婚姻的哀嘆

實際上，關於夫妻關係，孔子從來沒有提到過。但是，這不等於我們在《論語》中找不到相關的有意義的記載。坦率的說，在夫妻關係上，孔子是個失敗者，他很早就離婚了，並且再也沒有娶妻。但是，沒有經驗，有教訓也行。

在《論語》中，孔子講到了自己離婚的原因：

子曰：「唯女子與小人為難養也，近之則不遜，遠之則怨。」

（出自《論語．陽貨篇》）

孔子說：「只有女子和小人是難以養（相處）的，親近她（他），她（他）就會無禮；疏遠她（他），她（他）就會抱怨。」

這段話怎麼是在說夫妻關係？先來分析背景。

我們首先把小人剔掉，單說「女子」。這個「養」字，可以當養活，也可以當相處，不過在這裡都無所謂。孔子說女子難養，當然不是聽隔壁老王說的，一定是自己的體會。那麼問題來了，孔子一輩子養過幾個女子？其實就兩個，一個是老婆丌官氏（按：丌音同積），一個是女兒孔雀。

有人說家裡的女僕不算嗎？當然不算。首先，女僕不能說養；其次，女僕怎麼可能會有「近之則不遜」的問題？同樣，女兒孔雀也是。

所以，孔子在這裡說的難養的女子就是老婆丌官氏。怎麼個難養法？就是「近之則不遜，遠之則怨」。我們可以從孔子的感慨，看到他離婚的原因。

簡單介紹孔子的婚姻情況：

孔子十八歲時，哥哥孟皮讓他從宋國娶了個老婆，就是丌官氏。當時，宋國比較窮，魯國比宋國富裕，但是比齊國差。為什麼要從宋國娶老婆？一，孔子的祖先是宋國人，宋國人喜歡族內婚，所以孔子的先祖都從宋國娶親；二，孔子的條件比較差，從宋國娶老婆相對容易。

當然，願意嫁給孔子這個外國窮小子，丌官氏的條件也不算太好。

孔子當時剛成為士，時間不長，家裡還很窮，自己在季孫家打工，收入也不高。所以可以想像，丌官氏嫁過來時不太高興，甚至懷疑是被騙來的。

孔子的性格比較內向，遇事也不喜歡爭執。第一個孩子問世後，家裡經濟比較吃緊，亓官氏就開始不滿了。孔子讓著她，結果亓官氏就得寸進尺、肆無忌憚，話越說越難聽，整天找碴。這就是「近之則不遜」。

後來孔子受不了，乾脆遠離她，下班很晚才回家，上班早早就走。這時候，亓官氏就又開始抱怨，這就是「遠之則怨」。

再後來，孔子開辦了「孔子學校」，自己創業了。剛創業的那兩年，非常艱難，學生不多、收入很少。這個時候，亓官氏不僅沒有共體時艱，反而變本加厲的出言不遜和抱怨，這讓孔子在弟子們的面前很難看，也影響到教學。

最終，孔子對這段婚姻徹底失去信心，斷然把亓官氏送回宋國。直到亓官氏去世，孔子依然耿耿於懷。以孔子後來的地位和名聲，他完全可以再娶，可是他連妾也沒納，為什麼？應該是這段婚姻令他徹底心寒了。

多包容，少抱怨

孔子這段話常常被認為是在歧視女性，但其實只是他對婚姻的哀嘆而已。實際上，這段話展示了一個普遍現象：在婚姻生活中，抱怨是導致夫妻關係惡化的最主要原因，沒有之一。如果是夫妻雙方互相抱怨，真的很難不以離婚收場。

現在離婚率越來越高，其實大多數的離婚並不是因為婚外戀、吸大麻、養小鬼、僱人下毒這種不共戴天的仇恨，而是平時互相抱怨，最後積小怨為大怨，看見對方就討厭。癥結找到了，方法就找到了。

但凡和諧的夫妻、家庭關係，夫妻之間必定互相理解、信任、包容、扶持。就像孔子，如果在他事業的上升期，丌官氏能夠對他多一些理解和支持、少一些抱怨，孔子又豈會和她離婚？

俗話說：「家和萬事興。」家怎麼和？多包容、少抱怨。人人都知道這個道理，可是做起來就沒那麼容易了。

我曾看過一則國外的笑話：有一天，孩子和父親在吃飯，隨後聽到廚房裡一陣碗碟摔碎的聲音，兒子很鎮定的說肯定是媽媽摔碎的。爸爸問他為什麼？兒子說，因為媽媽沒有罵人。

從這則笑話可引出另一個問題，那就是現代女性與從前不同，不僅在外面要工作，在家裡還要做家事，如果還得盯孩子的學習，那壓力真的很大。這時，發脾氣及抱怨實際上都可以理解，在全世界都是如此。

理解了這點，男方就應體現出更多的包容。

有的家庭，老公喜歡裝闊、老婆喜歡攀比；老公嫌老婆管太多，老婆嫌老公賺得少，互相抱怨越來越多，最後家庭走向破裂。總之，**抱怨是夫妻關係的頭號敵人。**要有一段好婚姻，首先要有正確的擇偶標準。關於這點，子夏曾說：「侍奉父母，能竭盡全力；服侍君主，能不惜犧牲全副身心；和朋友相處，說話誠實、恪守信用。這樣的人，儘管他自己說沒學問，我一定說他有學問。」

子夏曰：「賢賢易色，事父母能竭其力，事君能致其身，與朋友交言而有信。雖曰未學，吾必謂之學矣。」

（出自《論語・學而篇》）

這是子夏對自己為人處世的總結，包括了夫妻關係、親子關係、君臣關係和朋友關係。在這裡，我們只談論夫妻關係。

子夏是個實用主義者，重實用、不重外表，所以他說「賢賢易色」，第一個賢是看重，第二個賢是賢慧。易是看輕、色是外貌的意思。子夏是指，對妻子要看重她的品格，而不是她的長相。基本上，這就是子夏的擇偶標準。

通常潑婦，不管是來自市井還是來自鄉下，都沒有內涵。所謂的大家閨秀，通常都知書達理。所以在擇偶時首先要看人品。怎麼看？看他（她）的受教育程度、家庭環境、言談舉止。至於長相，當然誰都喜歡好看的，但是所謂「兩害相權從其輕」，所以長相要放在其次。

有人說，孔子當初是不是太看重長相了？當然不是。孔子那時候窮得不得了，哪能挑人長相？說句實話，孔子娶妻基本上等於某些農村的窮人娶不到本地老婆，只能從更貧困地區娶老婆一樣。

縱觀歷史，我們知道諸葛亮的老婆其貌不揚，但是很賢慧。而且，當時還是諸葛亮主動求婚，可見他讀《春秋》很有心得。朱元璋的妻子馬皇后外貌並不出眾，但很賢慧。當然，我們也知道漢光武帝劉秀的妻子陰麗華很美麗，也很賢慧。

所以，不是說漂亮就一定是個潑婦，只是說長相要排在人品的後面。有的人人品好又長得漂亮，有的人人品差還長相齷齪。

門當戶對，或許是為了避免抱怨

現代社會有個很不好的現象，就是攀比。攀比衍生出炫富，炫富則導致家庭內部的抱怨。

小馬和小牛是好朋友，常常兩家一起吃飯。兩人的老婆都喜歡攀比，所以都在對方面前吹噓自己家裡多麼有錢。不幸的是，她們都相信了對方說的話，於是感覺心裡很不平衡，開始不斷抱怨自己的老公，說話非常難聽。最終，兩人都離婚了。離婚後，小馬和小牛又在一塊喝悶酒，才發現原來是這麼回事。

很多時候都是這樣，這山望著那山高，可是真的離婚後，才發現那山其實沒有那麼高。既然抱怨是婚姻的頭號敵人，那麼要如何避免抱怨？

首先，賢賢易色，防患於未然，危邦不入，亂邦不居。婚前一定要做好考察，那種自私、愛慕虛榮或胡攪蠻纏（按：不講道理的任意糾纏別人）的人千萬不能要，也別被美色遮蔽了雙眼。尤其是自身條件較差時，貪圖美色只會帶來災禍。武大郎娶了潘金蓮的下場是什麼，大家都知道。如果你不是西門慶，就別娶潘金蓮。

除了品行之外，對方的家庭背景也是需要考慮的因素。門當戶對的觀念雖然受到批判，但其實很有道理。如果家庭背景差距太大，那麼在價值觀、生活習慣上就會有所差別，而這些都為日後的互相抱怨埋下伏筆。

其實在這一點，孔子嫁女兒也是這樣。電影裡演的灰姑娘或是窮小子娶了富婆的故事雖然很勵志，但並不現實。即便真的有，其結局也多半不好。

其次，在結婚之後對未來的生活應有清楚認知，應有同甘共苦的心理準備。面對一時的挫折和不順，要互相包容互相鼓勵，解決問題而不是製造問題。

俗話說得好，每個成功男人的背後，一定有一個女人，一個不抱怨的女人。事實上，每個失敗男人的背後，也一定有一個女人。

世界歷史上很多國家的滅亡，背後都有女人的影子，比如特洛伊木馬中的海倫、埃及豔后、周朝的褒姒、唐朝的楊貴妃、明朝的陳圓圓等。於是，史學家們稱之為紅顏禍水，認為這是女人亡國。

其實，這樣的說法不公正。紅顏並非禍水，只是男人把禍水潑到紅顏的身上。反過來說，一個成功女人的背後，一定有一個男人。

歲月就像一把殺豬刀，一刀一刀催人老。而抱怨就像一把片刀，雖然每一刀都不致命，但割得多了也會遍體鱗傷、滿目瘡痍，再也回不到原來的樣子。

第十章

交友，
要交比自己強的

俗話說：「在家靠父母，出外靠朋友。」每個人都需要朋友。有人說，我是宅男（女），在網路上終其一生。那麼，你也需要網路上的朋友。

古人說：「相識滿天下，知交無幾人。」人能交到的真正朋友其實不多，酒肉朋友很多，吃吃喝喝可以，真正對自己有幫助的不多。

所以，擇友要謹慎，不能濫交。朋友不是路人甲，朋友之間要互相幫助、互相影響。好的朋友，可以提升你的境界、改變你的命運；壞的朋友，則會讓你受到傷害、遭受損失，甚至變成壞人。事實上，朋友的影響力往往大過於家人。一旦誤交損友，很可能後患無窮。在擇友的問題上，孔子看得很通透、很實際。

子曰：「無友不如己者。」

（出自《論語．學而篇》）

孔子說，不要跟不如自己的人交朋友。這句話聽起來，好勢利眼啊！

歷來的大師們為了證明孔子不是勢利眼，往往把這句話朝相反的方向解讀，比如國學大師錢穆就說「決非教人計量所友之高下優劣，而定擇交之條件」，學者南懷瑾更是解讀為「沒有一位朋友不如我」等。

我覺得，這句話的意思就是原意，沒什麼好說的。那麼，在擇友上，孔子是不是勢利眼？你說他是，他就是；說他不是，他就不是。以孔子自己為例，他的朋友就是三教九流（按：三教指儒、佛、道；九流指先秦到漢初的儒、道、陰陽、法、名、墨、縱橫、雜、農九大學術流派。三教九流指宗教、學術的各種流派）都有，但是主要都是卿大夫，等級很高。

要準確理解這段話，就得弄清楚這段話的背景：這是孔子對子貢說的，那時子貢入學時間不長，總是喜歡跟一些程度比較差的同學混在一起，整天糊弄他們。而冉有、子路、顏回這樣的好學生對子貢都是避之唯恐不及。所以孔子告訴子貢，要他多跟冉有、子路這樣的同學交朋友，從他們身上學到長處。

這句話對不對？當然。俗話說：「近朱者赤，近墨者黑。」交比你強的朋友，你就能進步；交比你差的朋友，你就會退步。有人說，蓮花出淤泥而不染。但兄弟，那可是蓮花，你去試試看自己染不染？

但是，這裡的重點是**弄清楚什麼是比你強的，什麼是不如你的**。以子貢為例，見多識廣、口才交際沒人比他強。但是論做事的周到嚴謹，他就不如冉有；論正直公正受人敬重，他就不如子路。那麼，冉有和子路是比子貢強，還是不如子貢？所以，不如自己不是指所有方面，而是指自己看重的方面。

所以，你可以說孔子勢利眼，他**交友**的原則是**要交對自己有幫助的人**；你也可以說孔子不是勢利眼，他不會因為你比他窮，或者地位不如他就不跟你結交。

根據記載，在孔子去世後，子夏總是跟比自己賢能的人交往，因此一直在進步；而子貢本性難移，喜歡跟不如自己的人交朋友，結果一直在退步。

有益與有害的交友

除了才能、品格方面外，孔子認為在性格方面也要慎選。

孔子對弟子們說過這樣的話：「有益的交友有三種，有害的交友有三種。和正直、誠信或見聞廣博的人交友，這是有益的；和性格乖僻、沒有主見或花言巧語的人交朋友，是有害的。」

孔子曰：「益者三友，損者三友。友直，友諒，友多聞，益矣。友便辟，友善柔，友便佞，損矣。」

（出自《論語．季氏篇》）

因為原文中有「友諒」，順便講一點有趣的小故事：

元朝時，很多漢人的名字都是用簡單的數字構成，像是劉老六、牛十三等。而朱元璋的本名叫重八，因為他在八月初八出生。後來農民起義後，大家覺得要取個體面的名字，就為他取作朱元璋。

於是，很多人都從聖賢書裡找名字，有個叫陳五斤的農民軍首領改名叫陳友諒，這名字出自《論語》；還有一個叫張三四的農民軍首領，取名張士誠。

後來，有人告訴朱元璋說，張士誠被替他取名的人耍了，因為在《孟子》裡有句話是「士，誠小人也」。從那之後，朱元璋就總是懷疑文人，開啟了文字獄。

回歸正題，孔子在這裡講的是擇友的標準。

有三種品格或性格的人可以結交，分別是正直、有誠信，和見識廣博。其中，正直和有誠信是品格，可是見識廣博並不是。由此可見，孔子交友，並非只注重品格；而另外三種品格或性格不能結交，因為性格怪癖的人難以長久相處；花言巧語的人難以信任，這都容易理解。那為什麼不要跟「善柔」的人交朋友？

歷來的大師都認為「善良柔弱」是褒義詞，認為孔子不可能看不起善良柔弱之人，因此都把善柔解釋為諂媚和陰險的，按理說他們不應該不知道諂媚就屬於奸佞。按照他們的觀點，孔子結交朋友的標準只能有品格，不能有性格。

但是，善就是性格，是善良而柔弱，確切的說就是優柔寡斷、缺乏主見。這種人並不是壞人，品格沒有問題。但是，這樣的性格非常糟糕。

比如，唐僧就是這樣，愛管事卻又耳根子軟，沒有主見還缺乏原則，成事不足敗事有餘，誰跟他交朋友都會被他連累；《三國演義》中的益州牧劉璋，也屬於善柔的人，因此被劉備輕鬆奪走了自己的地盤。

俗話說：「馬善被人騎，人善被人欺。」善良又沒主見的人受人欺負，基本上就是任人宰割。跟這樣的人交朋友，除非你純粹為了慈善，否則有什麼意義？

當然，還有一些性格是不適宜交朋友的，比如斤斤計較、喋喋不休、不敢承擔責任等，為什麼孔子要單獨強調善柔？因為其他性格很容易做出判斷，可是善柔具備迷惑性，很多人會認為這是美德，而願意結交這樣的朋友。

交友要篩選

按照傳統上對孔子和《論語》的解讀，好像孔子永遠都在仁義道德的層面上說話，其實根本不是那樣，孔子是一個真正的實用主義者、方法論者。在孔子的弟子之中，比孔子更注重實用的就是子夏了。對於擇友這個問題，子夏更加直接。

有一次，子夏的弟子去問子張該怎樣擇友。

「你的老師怎麼回答你？」子張問子夏的弟子。

「老師說，如果有人來要求交友，我覺得可以，就答應他；我覺得不行，就拒絕他。」子夏弟子這樣說。

「那怎麼行？君子要大肚能容，對賢能的人要尊重，對能力不足的人也要鼓勵。如果我們本身很賢能，什麼人不能結交？要是自己不夠賢能，人家根本就不會來結交我們。」子張大義凜然的說，意思是君子應該來者不拒，而他自己就是個君子。

子夏之門人問交於子張。子張曰：「子夏云何？」對曰：「子夏曰：『可者與之，其不可者拒之。』」子張曰：「異乎吾所聞。君子尊賢而容眾，嘉善而矜不能。我之大賢與，於人何所不容？我之不賢與，人將拒我，如之何其拒人也？」

（出自《論語．子張篇》）

子夏和子張年齡相仿，都是孔子最後一批弟子中的佼佼者，兩人之間的關係非常差，互相瞧不起。子夏研究學問喜歡從細節、從切身去做，就是俗話說的實用主義；而子張喜歡從道德的高度去看待任何問題，顯得非常高尚。

誰對誰錯？從實際效果上看，子夏的朋友雖然也不多，可是扎扎實實有幾個，比如子貢、曾參。但是子張好像就沒什麼朋友。

而且，子夏的門人後來成就非凡，子夏的朋友圈中有田子方、魏文侯、公子成這樣的人物。由此可見，子夏的說法才是對的。

所以，交朋友一定要有所選擇。如果來者不拒，那麼不僅魚龍混雜，而且會拉低自己的交友水準，真正值得結交的人，就不願意和你交友了。

擇友四大因素

從現代社會，看看擇友的問題。按照孔子的說法，品格、能力、性格，這些都是擇友的決定要素，如果一個人在這些方面都不如自己，就不要跟他交朋友，因為他對你毫無益處。交這樣的朋友，也就只是酒肉朋友而已。

但是，有個現實因素孔子沒有提到，那就是一個人的背景。

如果一個人在以上方面都不如你，但是家庭背景很好，像是家裡很有錢或很有權，對你的事業會有幫助，這樣的情況下，要不要交這樣的朋友？理想很豐滿，現實很骨感，這樣的人往往是人們爭相交好的對象。問題是，人家願不願意結交你。

實際上，在孔子的時代恐怕也是這樣，家裡有錢、有背景的子貢、冉有、公西華這樣的人，大家都想結交。

因此，**品格、能力、性格和背景可以被稱為擇友的四大因素。**

如果有人在這四個方面都比你強，就一定要努力與他結交；如果有人在這四個方面都不如你，那就做個點頭之交就夠了。

通常可以參考周圍人對他的評價，或是看他的朋友圈，因為物以類聚、人以群分，如果他的朋友都是積極上進、品行良好的人，那麼他一定差不了。

也可以看他怎麼對待自己的朋友，如果他能力很強、背景很強，但是對朋友很傲慢，這樣的人也不值得結交；可以看他對自己父母的態度，有的人事業成功，但是對自己的父母很差勁，這樣的人也不值得交往。

其實不只個人，國家間的交往也需要選擇，而選擇的標準也相同。

有句話叫做：什麼樣的朋友圈，決定你能達到什麼樣的境界；什麼樣的境界，決定你有什麼樣的成就。

這句話真的非常有道理。比如你想拍電影，就得混入影視圈，那裡面有各種資源、人脈。但如果混進去的是廚師的朋友圈，你可能連為導演做飯的機會都沒有。

過去我們有句俗話叫：「寧為雞頭，不為鳳尾。」但這句話本身就是個錯誤。雞頭再怎麼厲害，也只是在雞的圈子裡；鳳尾再不怎麼樣，也是在鳳凰的圈子裡。

現實生活中，很多人都隨機擇友，或是說根本沒有擇友的概念，碰上誰就是誰。

但是，有些人很聰明，他們會主動尋找對自己有幫助的朋友。

當年，我大學畢業後被分配到一家大型企業，整天除了上班，就是找人踢球。可是和我一起進公司的人很快就跟總經理兒子混熟了。後來，就不詳細說了，人家很快就取得了很好的業績。從前，我自以為是又高傲，從來不主動跟人結交，只等別人來跟我交朋友。現在看來還真傻，所謂高傲，其實就等於「傻」。

對於一個人來說，首先你應該確定自己的目標，然後朝著目標努力。但是，一個人努力是不夠的，還需要朋友的幫助，所以要有意識的尋找能夠幫助你的朋友。

第二部

怎麼交友、育兒、立足職場

第十一章

朋友的四大層次

擇友須謹慎，而與朋友相處的技巧更需要好好鑽研。

有的人以為與朋友相處只要熱情、真誠就行；有的人以為朋友之間就應該無話不談；有的人甚至認為好朋友借錢就應該二話不說。其實並不是這樣。

孔子認為，朋友分三六九等（按：原指中國古代社會的等級制度，反映當時的階級分化）。不同的朋友，相處的方法自然不同。

簡單來說，朋友是有分類的。畢竟，患難之交和酒肉朋友顯然就不是同一類。有的朋友只能一起享樂，有的朋友可以坐以論道，有的朋友適合一起創業。有的是益友，有的是損友。因此與朋友相處，首先要分辨這個朋友屬於哪一類。

孔子把朋友分成四個層次：一，酒肉朋友，可以一起吃吃喝喝；二，志趣相投，吃喝之外，還能共事；三，性格互補，不僅能共事，還能互補互助；第四層，不僅志趣相投、性格互補，價值觀也很合拍。

他說：「（有的人）可以一起學習，卻不能共同追求目標；（有的人）可以一同追求目標，卻不能好好合作；（有的人）可以好好合作，卻不能共同變通。」很顯然，這段話是在描述自己的弟子。

子曰：「可與共學，未可與適道；可與適道，未可與立；可與立，未可與權。」

（出自《論語・子罕篇》）

弟子們都在這裡學習，但是，大家的目標並不一致，子貢想經商、子路想當官、子夏想研究學問等；有的人目標一致，比如子張、子游、子夏都想成為一代宗師，發揚老師的學說，但是性格不同、背景不同，結果很難合作，總是互相抨擊。

有的人目標相同，還能夠合作，但是該變通的時候並不是都能夠變通，這時又會產生分歧。總結起來，這是同學關係的層次。

最普通的關係就僅是同學，高一層是志趣相投的同學，更高一層的是不僅志趣相投，並且可以合作做事的同學。但是，最高層次的關係是不僅志趣相投，並且能合作做事，而且具有高度的默契，遇到問題時能夠有同樣的變通方式。

我們常說的「默契」，就是變通的節奏相同。如果雙方都不懂得變通，就根本談不上默契了。具體舉個例子：小張和小王是大學同學，兩人有共同的理想，就是開一間咖啡店。有了共同話題，關係也更進一步。之後兩人發現性格互補，小張雷厲風行，小王細緻耐心，於是有了合作基礎。

大學畢業後，合夥開了咖啡店。因為遭遇了經濟危機，咖啡的市場驟然變小，兩人又同時決定改做燒餅店，這就是默契，於是繼續合作，度過難關，這就是最高層次的同學關係了，將來一定能夠東山再起。

總結而言，同學關係就是這幾個層次：一、同學而已；二、志趣相投；三、性格互補；四、想法契合（默契）。同時，這也是朋友的層次。

第一類朋友很容易結交。生活中，絕大多數人交的都是這樣的朋友，可以一起喝酒吃飯，稱兄道弟、好不熱鬧。

第二種則進了一步，比如幾個朋友在一起，決定農民起義或者共同創業，這就比第一種有意義得多了，陳勝、吳廣起義就屬於這一類。

有人說那麼泰山會（按：中國頂級富豪俱樂部）、長江商學院是不是屬於這一類？當然不，因為他們根本不是朋友，只是互相利用、互相幫助，靠利益維持的。所以，有共同利益時他們是朋友，一旦有個風吹草動就鳥獸散了。

第三種又更進一步，不僅合作，而且能很好的合作互補。歷史上，管仲和鮑叔牙就屬於這一類了。第四種是最高等級，基於價值觀以及方法論的相同，他們不僅合作相當有默契，在關鍵時刻，像是困難和意外發生時，他們依然能保持同步。

這就像在激流中行進的小船上的船工，他們的配合稍有差池就會船翻人亡，可是他們總是能夠配合得天衣無縫，甚至比一個人的四肢還要有默契。這樣的朋友就是把命綁在一起了，絕對是可遇不可求的。

按照長處分類，與之學習

朋友之間不僅分層次，而且還分類別。

曾經有一次，孔子要出門，但快下雨了，於是子張建議孔子借子夏的傘來用，因為子夏正好有把新傘。子張之所以建議孔子用子夏的傘，是故意想讓子夏為難，因為他比較吝嗇，平時絕對不借東西給別人。

「別出這餿主意了，」孔子當然知道子張的想法，也不會上當：「子夏這個人不是很大方，不過這沒有什麼。我告訴你，跟人相處要盡量看到他的長處，包容他的短處，這樣就能長久的交往。」

每個人都有短處和長處，朋友間要多看對方的長處，規避或包容對方的短處，這樣才能長久相處下去。如果只是看對方的短處，那這樣的朋友肯定不長久。

以子夏為例。他的長處是聰明有學識，短處是比較吝嗇。那麼，跟子夏交往，要怎麼包容他的短處？很簡單，不要一起去吃飯，或者出去吃飯我都主動買單。怎麼發揮他的長處？我家孩子成績不好，多去跟子夏請教。這樣，他也不覺得欠我人情，大家相處會越來越好。

根據一個人的特點，就可以進行分類了。

學問好的，跟他討論學問；出手大方的，跟他出去吃飯；喜歡旅遊的，跟他組團去非洲。總之，要讓你的朋友避開他的短處、發揮他的長處，這樣你的朋友有成就感，而你也能得到幫助，才能相得益彰。

再要好，還是得有親疏遠近之別

與朋友相處，除了要包容之外，也要保持距離。歷史經驗告訴我們，如果兩個朋友到了不分你我的程度，基本上離決裂就不遠了。

朋友之間需要一段舒適的距離，不要觸碰各自的隱私。除此之外，還有前面說過的，不要因為雙方是朋友，就過度勸說。

前面孔子對子貢說過：「忠告而善道之，不可則止，無自辱焉。」實際上，子游也說過同樣意思的話。子游說：「對君主勸諫多了，必然受到羞辱。對朋友勸說多了，必然被疏遠。」

子游曰：「事君數，斯辱矣，朋友數，斯疏矣。」
（出自《論語・里仁篇》）

子游這個人，聰明而且靈活，口才也好，在孔子第三代弟子中最懂得如何處世。這兩句話，實際上就是他的處事原則。從這兩句話，也能看出子游這個人也是相當清高自傲。

儘管這話出自子游，思想還是來自孔子。**處事交友，點到為止**，所謂心有靈犀一點通。點了卻沒通，也要止。沒有靈犀，戳破了也沒用。眼看他犯錯，還不能說，心裡一陣惱火，怎麼辦？只能說人各有命，禍福自求。

所以，朋友之間，就算再好的朋友，也要保持一定的距離。那種你的就是我的，我的就是你的，不把自己當外人的做法，遲早會出問題。而再好的朋友，說話也要注意分寸，不管是規勸還是善意的批評，點到為止。說多了，朋友隨時變仇人。

距離產生美，不管是男女之間，還是朋友之間都成立。

前面說到了包容、說到了保持距離，都是告誡大家不要做什麼。那麼，要做的是什麼？朋友之間交往的基石是什麼？

曾子每天反省自己的其中一項就是：與朋友交而不信乎？子夏總結自己人生四大準則中也有相同的一項：與朋友交言而有信。

曾子和子夏的觀點出奇的一致：交友要守信用。

基本上，這兩個人都這樣說，就可以肯定這是孔子的觀點了。也就是說，對於交友而言，孔子最重視的就是言而有信。

朋友關係的基石是什麼？信任。怎樣才能做到互相信任？言而有信。

對你的朋友，一定要言而有信。即使你對全世界都不守信用，對你的朋友也要守信用。俗話說：「秦檜還有三個朋友。」這說明什麼？說明秦檜對這三個人還是言而有信的，該提拔的提拔、該獎賞的獎賞。

比如朋友找你借錢，你可以選擇不借，什麼理由都無所謂，真正的朋友不會因此而遠離你。但是，你一旦答應了就一定要借，否則就沒辦法當朋友了。

進一步來說，任何會危及信任的事都應盡力避免。如果相互之間已經有了誤會和懷疑，那麼一定要盡快解決，如果沒有更巧妙的方式，那就直截了當。要知道，很多朋友之間的關係被破壞，都是因為誤會。

信任，也是判斷兩個人之間是不是朋友的標準。比如兩人看起來相處非常融洽，但如果他們之間沒有信任，就不是朋友，反之亦然。所以如果你不確定誰是朋友，可以用這個標準判斷。

讀到這裡，我們已經知道《論語》教導我們的交友三大原則：

- 要包容朋友的短處，發揚他的長處。
- 朋友之間也要保持一定的距離，尊重隱私，點到為止。

• 朋友之間一定要言而有信，信任是一切的基石。

運用論語交友原則，朋友滿天下

最後舉一個例子，就是《水滸傳》裡的宋江：

宋江文也不行、武也不行，家裡沒背景，人還長得又黑又矮。可是卻朋友滿天下，而且還是作為團體的老大，怎麼做到的？

其實，就是學《論語》。首先，包容朋友的短處、發揮長處。比如，宋江知道雷橫是個小氣鬼，但沒關係，我給錢啊；知道李逵是個莽撞人，沒關係，我管著你啊！宋江，從來不說誰的壞話，也從來不批評誰。

其次，他和朋友之間，也保持著良好距離。他勸過誰了？從來沒有。

最後，言而有信，這是宋江最大的優點。比如對王矮虎，說要替他找老婆，最後就把扈三娘嫁給他，說話算話。

做到這些，宋江就有很多朋友。但是僅僅如此，沒辦法成為朋友圈的核心。要成為核心，還需要一個本事：資源的交叉使用。

宋江很懂得觀察，他非常清楚朋友們各自的優點、資源。自己沒有資源沒關係，只要能居中調節朋友圈的資源也行。

像是在鄆城，宋江和黑社會老大晁蓋是朋友，跟兩個縣公安局局長朱仝和雷橫也是朋友。於是宋江一邊用晁蓋的錢滿足朱仝和雷橫的財富要求，一邊利用朱仝和雷橫為晁蓋提供保護；又或者宋江和清風寨的幾個頭領收服了秦明。秦明的老婆、孩子都被殺了，宋江就把花榮的妹妹嫁給了秦明，又是資源互換。

總之，宋江善於調動圈內資源，使得大家互通有無，大家受益，而宋江順理成章成為了這個圈子的核心。

現實社會也是如此，我們知道很多圈內老大其實並沒有什麼過人的背景，怎麼成為老大的呢？跟宋江一樣。首先運用《論語》三原則廣交朋友，之後透過朋友圈的資源調配逐步確立核心地位。

當一個人能組合朋友資源時，他就可以用來做點自己想做的事。劉邦也是把韓信的軍事才能、張良的策劃才能和蕭何的管理才能組合在一起，才當上了皇帝。

因此，大家都應了解，朋友不該只是用來一起吃吃喝喝，而是要互助互利、組合資源、成大事。

舉個反面的例子，有位歌手名叫臧天朔，出名後自己開了間酒吧，朋友們來酒吧喝酒，不管酒多貴他一律請客。於是，朋友們三天兩頭就來酒吧喝酒，都說臧天朔仗義。但是因為免費吃喝的人太多，酒吧一直虧損，為了維持下去，臧天朔開始做起了灰色生意，帶一幫人收保護費。結果沒多久被抓了，那些稱兄道弟的朋友們逃的逃、躲的躲，沒人出來幫助他。

臧天朔的問題在哪裡？就在於他把這些人當朋友，這些人卻把他當凱子。如果這些人真的把他當朋友，就應該幫襯他的生意。我替你打折、你為我介紹客人來。這樣的互利互助才是真朋友，才能長久下去。

第十二章

天生我才必有用，但定位要對

有的人，從小就很聰明也很勤奮，被許多人看好；有的人，從小沒什麼才能，大家都不看好他。但前者往往一無所成，後者卻有所成就。為什麼？

前段時間有個段子：以前班上成績很好的同學，上了好大學，結果在大城市辛辛苦苦的當房奴；成績中等的人，上了普通大學，畢業後沒辦法留在大城市，於是回到家鄉，日子反而過得風聲水起；成績比較差的，沒上大學，最後卻當了老闆。

到畢業十週年、二十週年同學會時，就變成成績差的同學作東、成績中等的同學講話、成績好的同學只能挨桌敬酒了。

這個段子比較誇張，但也有一定的可能性。為什麼會這樣？

說起來，原因可能千千萬萬。但是，只有一個原因千真萬確，那就是個人定位。

孔子曾在齊國待了一年，期間認識了老高，關係還不錯。子路這時跟著孔子，和老高關係也不錯。

孔子回到魯國後，老高的兒子高柴來向孔子學習，子路很照顧他。後來，孔子擔任了魯國的大司寇、子路成了魯國第一大家族季孫家的大管家。這時，季孫家的大本營費邑需要一個費邑宰，也就是費邑市的市長。子路就推薦師弟高柴（字子羔），孔子知道了急忙阻止，說這樣是害了他。子路不服氣，所以師徒二人就爭了起來。

子路使子羔為費宰。子曰：「賊夫人之子。」子路曰：「有民人焉，有社稷焉。何必讀書，然後為學？」子曰：「是故惡夫佞者。」

（出自《論語・先進篇》）

孔子為什麼這樣說？因為費邑是季孫家最大的地盤，季康子非常看重，而且很多人都想當費邑宰。另外，前段時間，前任費邑宰公山不狃占據這裡造反，才剛被趕走，還有很多殘餘勢力在這裡。

這樣的情況下，什麼樣的人適合當費邑宰？深得季孫家信任、本身根基牢固、人脈很廣的人。而高柴這一年只有二十三歲，性格內向、不善交流，而且不是魯國人。因此從性格、能力、知識、人脈等各方面來說，都不適合擔任費邑宰。如果他真的擔任了費邑宰，被撤職還算幸運，一不小心很可能就被殺掉了。

所以，孔子才說子路是在害他。還好，季康子沒有聽從子路的舉薦。

子路在這裡犯的，是定位的錯誤。他完全是以自己跟高柴父親的關係為出發點，而不是考慮高柴適不適合這項工作。動機上是在幫助高柴，實際上是在害他。

後來，按照孔子的建議，子路推薦了另一個師弟冉有。冉有的家族世代為季孫家效力，可以說冉家的根基雄厚，而冉有的能力又很強，因此季康子接受了這個推薦。結果，冉有做得不錯。

孔子在這裡告訴我們一個道理：定位很重要。合理的定位，能夠讓一個人發揮自己的才能，達成自己的目標；而不合理的定位，則可能讓一個人難以適應自己的職位，沮喪失落、喪失信心，嚴重甚至危及生命。

準確定位，能讓人少走彎路

再說回本章開頭提到的段子。我們的教育模式往往使學生定位過高。比如，孩子從小就被教育長大後要成為科學家、企業家、官員等。於是，成績好的學生都有遠大的目標，也就是偉大的定位。問題是，人外有人、天外有天，真正能實現偉大目標的可以說鳳毛麟角。

於是，成績好的同學考上好大學，然後留在大城市，期待著實現偉大理想。但是，有鑑於能力、人脈、學識等的不足以及激烈的競爭，絕大多數的人最終只能成為朝九晚五的上班族，成為一個房奴。

成績中等的同學當然不敢有那麼高的定位。上不了好大學，畢業後只能乖乖回家鄉，靠著家族的關係去個不錯的單位，之後就慢慢的熬出頭了。原本，這些縣裡、市裡的職位應該會由那些成績好的同學來擔任，可惜的是，他們定位過高去了大城市，於是這些位置就留給了成績中等的同學。

成績不好的同學的定位當然也就很低。考不上大學，只能去做工。有的人頭腦靈活，家裡又有點關係，於是當上了工頭。再之後，努力拉關係，成了房地產老闆。

結果就是，能力最強、成績最好的那些同學因為定位過高而一腳踏空，反而把機會留給了成績和能力都比自己差的人。當然，並不是所有成績好的同學都定位過高。準確的定位能夠讓人少走彎路，這也很重要。

我就是最好的例子。看我在這裡解讀經典，人們可能會以為我是學中文或學歷史的，但其實我是學理工出身。

考大學時，我的強項是數學、物理和語文；弱項是英語。強項很強，弱項很弱，同時，我的性格內向、不善交際。怎麼樣，典型的理工男吧？

我的定位其實應該很簡單，要麼學電腦、學機械自動化，要麼學中文。可是，那時候管理學科最熱門，於是我報了大連理工大學工商管理系，目標是當總經理。但我那時候不知道的是，我根本不是當總經理的料。就這樣，這個世界失去了一個優秀的工程師、科學家或發明家，多了一個半路出家的作家。

我那一屆平均入學分數全校第一的是管理科學與工程系，很多同學的成績其實可以去讀北京大學或清華大學。遺憾的是，大多數人都定位錯誤，這個世界因此失去了六十多位優秀的工程師。

如果可以重新選擇，我或許會去學電腦或者自動化。但是我依然不會去學中文或歷史，因為我發現學中文的人好像不會寫小說，而學歷史的人似乎根本不懂歷史。難道，他們也是定位錯誤？

那麼，怎樣才能給自己一個正確的定位？

首先要了解自己的興趣、愛好和專長，以及能力所在。簡單來說，就是要有自知之明。這實際上並不容易，否則就不會有那句「撒泡尿照照自己」的名言了。

其次你要懂得比照、懂得加權分析的方法。假如你籃球打得不錯，以後想打NBA，那就先去搜尋NBA球員的各方面數據，分析自己跟他們之間的長短優劣，之後你可能就會考慮改打桌球了。

每個人都需要根據自身狀況給自己合理的定位，且這種定位並非一成不變，隨著實際情況的變化，定位也需要隨之調整。絕大多數人都會看高自己，覺得自己與眾不同，尤其是年輕時，所以定位往往偏高。但實際上，定位應該寧可低也不要高。較低的定位較容易實現，一方面能讓你腳踏實地的累積經驗，一方面能給你信心。隨後你可以調高定位，一步步穩紮穩打，最後你的成就很可能高過你的能力。基本上，那些取得極其卓越成就的人都是從低的定位一步步走來。

所以，把你的偉大理想收一收吧！

做事，別超出自己的能力和職位

錯誤定位不僅會讓自己走彎路，同時還可能造成嚴重的次生災害。比如，子路是個精力充沛、工作熱情極高的人，還有著偉大理想。換言之，他總是把自己的定位設定得超出自己的能力，對此孔子很擔心，常常向後拉他。

子路後來去衛國的蒲地擔任蒲地宰，來問孔子自己應該怎樣做。

「修養自己，使自己莊重端肅。」孔子說。子路有點失望，他覺得這個要求太低。「那修養自己，使身邊的人們有安全感。」孔子說，但子路還是不滿意。「提高修養，讓百姓安居樂業。這個目標，連堯舜都覺得很困難！」

子路問君子。子曰：「脩己以敬。」曰：「如斯而已乎？」曰：「脩己以安人。」曰：「如斯而已乎？」曰：「脩己以安百姓。脩己以安百姓，堯舜其猶病諸！」

（出自《論語．憲問篇》）

孔子為什麼要這樣打擊他？

對於子路當官，孔子擔心的並不是他不努力，而是擔心他太努力。子路的性格直率且急躁，又精力充沛。當初在季孫家當管家時，不是今天修水壩，就是明天修城牆，總之閒不下來，換個說法就是愛折騰。所以，孔子非常擔心他折騰老百姓。

不過人的性格很難改變，子路到了蒲地還是一樣，當然出發點都是好的。有一次又要修水渠，當地百姓都不願意。子路就拿自己的薪水出來，發米糧給大家，孔子只好趕快派子貢去阻止他。

子路的問題是什麼？是定位。以子路的性格、學問、能力和人脈等條件，也就是個維持地方安定的官員，想要讓這裡成為傳說中的禮儀之邦，那並不現實。可是子路不這麼想，偉大的理想驅使他去做他做不到的事。

在歷史上不乏這樣的反面例子，有的皇帝資質平庸，偏偏有偉大抱負。好一點的結果就是損兵折將，百姓流離失所；更糟糕的是國家滅亡、外族入侵，百姓陷入水深火熱。越勤政、越完蛋，指的就是這一種統治者。

現實生活中也有很多這樣的例子。有的公司因過度擴張而倒，有的老闆盲目投資、無限融資，最後公司破產、自己入獄，這些不都是定位錯誤的結果嗎？所以，管理者在定位方面一定要慎之又慎。否則，不僅害了自己，還害了員工。

定位偏差有時候不是因為能力，而是職位。不是你的職責範圍，你偏要去管，這就是職位偏差，也就是俗話所說的越俎代庖。所以孔子說：「不在其位，不謀其政。」曾子也說：「君子思不出其位。」

第十三章

好習慣，
能導正性格缺失

俗話說：「江山易改，本性難移。」意思是，人的性格跟隨人一輩子，難以改變。根據現代科學，可以說一個人的性格由基因決定，後天無法改變。

當然，也不是絕對無法改變。像我就認識兩個人，原本性格很內向、木訥，用俗話說就是「三棍子打不出一個屁來」。突然有一天，他們卻開始侃侃而談，並且非常主動。但是內容聽多了，你就會感覺有點古怪，因為他們說的都是天馬行空的車軲轆話（按：指重複、絮叨的話），還表現得好像自己什麼都懂。

就像是精神受到刺激，性格在一夜之間發生了變化。這種變化，非常糟糕。

性格當然沒有絕對的好壞，但在社會生活中，有些性格確實更不適合。那怎麼辦？現在有一種說法叫做「性格決定命運」。性格改不了，是不是命運就此看不到光明？當然不是，孔子有辦法。

一樣的問題，不同的回答

孔子擔任魯國大司寇時，子路和冉有都在季孫家工作，都是高階管理階層。有天，子路聽到了一個好建議，於是來問孔子要不要馬上去做。

「那不行，季孫家不是有好多老員工嗎？你該去問問他們。」孔子回答，他連是什麼建議都沒問。過了一會，冉有來了，也問了同樣的問題。「那還等什麼？馬上去做。」孔子回答，也沒有問是什麼建議。

冉有走後，一直站在孔子身旁的小弟子公西華有問題了。「老師，剛才兩個師兄問同樣的問題，為什麼您給的答案恰好相反？」公西華問，他覺得很奇怪。

「子路性急、比較魯莽，因此要給他增加一道程序，讓他冷靜考慮；冉有太謹慎了，總是畏畏縮縮，所以要推動他，讓他果斷去做。」孔子回答，公西華恍然大悟。

子路問：「聞斯行諸？」子曰：「有父兄在，如之何聞斯行之？」冉有問：「聞斯行諸？」子曰：「聞斯行之。」公西華曰：「由也問聞斯行諸，子曰『有父兄在』；求也問聞斯行諸，子曰『聞斯行之』。赤也惑，敢問。」子曰：「求也退，故進之；由也兼人，故退之。」

（出自《論語．先進篇》）

歷來對這段故事的解讀，側重於孔子因材施教，但我們不妨換個角度思考。

子路和冉有的性格不同，一個太急、一個太慢。孔子也曾試圖改變他們的性格，但發現根本沒有用。於是孔子明白，要改變他們的性格並不實際。

他決定採用另一種辦法，那就是讓兩人養成新習慣，用習慣修正性格。

比如，從前子路一聽到什麼自以為好的建議就會立即去做，現在孔子告訴他，你必須先請教專家。這就等於為子路增加了一道程序，不僅讓他能聽到不同的意見，也能幫助他冷靜。如果子路形成了這樣的習慣，就可以彌補他性格急躁的不足。

對孔子的這個做法，歷來人們都沒有重視。像是我們在電影裡就常常看到，一個人性格急躁，主管就勸他：「你這暴躁性格該改一改了。」可是這樣的勸告有用嗎？沒用。勸告不僅沒效果，還可能引起反作用。

威脅也沒用，也可能會有反作用。他如果因為性格而吃苦頭，雖然可能在短時間內會有所改變，但是也維持不了多久。

最好的辦法還是用習慣修正性格。**如果你意識到自己的什麼性格需要改正，這時你不要試圖改變，而是應該強迫自己形成習慣**。同樣，不要試圖改變孩子的性格，不要對他講大道理，那些都沒有用。

制定自己的規則，養成期望的習慣

那麼，要怎麼形成習慣？

> 子曰：「性相近也，習相遠也。」
>
> （出自《論語・陽貨篇》）

意思是，人的天性相近，習慣卻可以相差很遠。這句話是孔子在強調周禮的作用。人的天性，也就是人性，原本相差不大。可是人們的習慣卻可能差別很大。什麼原因造成？環境。

你在中國長大、在美國長大和在巴勒斯坦長大，習慣一定會有很大區別。有的社會環境中沒有規矩，所以人就會野蠻而不知羞恥，社會混亂。不同的環境，其區別就在於有沒有規矩、規矩有什麼區別。有什麼樣的規矩，就有什麼樣的習慣。

所以孔子就說，我們華夏國家講周禮，所以人們講秩序講謙讓；而那些野蠻國家沒有周禮，因此就很野蠻。

現實中還有許多相似的例子，比如你到深圳會發現，深圳人不管是走路還是生活節奏都很快，你會覺得這裡的人都是急性子。其實不是，只是他們形成了快節奏的生活和工作習慣。

又或者我們印象中的美國人性格張揚外向，但大多數的美國人都認為自己很內向。看看歷代美國總統的自傳，他們基本上都會說自己從小是個內向的孩子。為什麼？因為他們從小養成的習慣，會讓人以為他們是外向的性格。

我們常說「一方水土養一方人」，就是這個意思。所以一個社會中人們的普遍習慣，就在於這個社會有什麼樣的規則、規矩。

對於個人而言，你的習慣一定受到社會規則的影響。像是大家都排隊，你自然也會形成排隊的習慣。我們又常說入鄉隨俗，假如去了美國，就會養成美國的習慣，否則，你就是給自己找麻煩。

那麼，如果你**要想形成自己獨有的習慣**，怎麼辦？**就為自己制定規則**。同樣的，如果你希望自己的孩子形成某種習慣，那就為他制定規則。但是，如果想讓這種規則被孩子接受和執行的更好，你應該自己先執行，為他做出示範。比如，你要求孩子早睡早起，自己卻天天晚睡、早上起不來，那你制定的規則很可能就會遭到反抗。

性格無法改變，但是習慣是可以透過努力形成。

克制自己的行為舉止，也能改正性格

人的性格會透過他的行為舉止表現出來。那麼反過來，一個人的行為舉止對他的性格也能產生張揚或遏制的作用。

曾子對人的性格和習慣有很深的研究，他認為人的表情對人的性格也有修正作用。曾子去世前，孟孫家的家長孟敬子來看望他，同時也向他請教。

「人之將死，其言也善。我就快死了，很願意給你幾個忠告。使自己的容貌莊重嚴肅，這樣可以避免粗暴、放肆；使自己的臉色認真，這樣就接近於誠信；使自己說話的言辭和語氣謹慎小心，這樣就可以避免粗野和背理。」曾子說。

曾子有疾，孟敬子問之。曾子言曰：「鳥之將死，其鳴也哀；人之將死，其言也善。君子所貴乎道者三：動容貌，斯遠暴慢矣；正顏色，斯近信矣；出辭氣，斯遠鄙倍矣。籩豆之事，則有司存。」

（出自《論語・泰伯篇》）

曾子的意思是，孟敬子作為孟孫家的家長，不需要特地做些什麼，只要在待人接物上當好榜樣就夠了。也就是在言談、表情上形成恰當的習慣，以避免一些性格上體現出來的不當行為。

曾子說：「動容貌，斯遠暴慢矣；正顏色，斯近信矣；出辭氣，斯遠鄙倍矣。」容貌，來自外在。包括衣著打扮、髮型、動作，平時的表情等，也就是不與特定人打交道時，一個人的自然狀態。也就是儀態、風度。

比如典型貴族，平時衣冠楚楚，舉手投足都很規矩，面部表情要麼是沉思，要麼是微笑。平時能夠做到這樣的容貌，基本上就不暴慢（按：指凶暴傲慢，或是凶暴傲慢之人）別人了。

從外貌就能判斷一個人是否暴慢，因為人的內心會透過儀容表現出來。

那麼反過來，當一個人能保持好的儀容時，他就能抑制暴慢。舉例，當你遇到一件非常煩心的事，如果你依然能夠讓自己保持平時的舉止、表情，那麼這就能夠一定程度上化解你的暴慢了。

所以，內在情緒會影響到外在容貌。反過來，透過控制外在容貌，也能影響你的情緒。這，就是為什麼動容貌，能遠離暴慢。

顏色，來自內部，是一個人態度的表現。發怒時臉色會變紅，有的人會變白；鄙視對方時，眼睛會看向側面，鼻子會發出嗤聲等。所以，顏色是與特定人打交道時的臉色表情變化。

那麼，為什麼「正顏色」就能「斯近信矣」？因為當你「正顏色」，意味著你認真傾聽、嚴謹思考，就會給人可信的感覺。相反，如果你目光游離、表情詭異又僵硬，或者皮笑肉不笑，必會讓人感覺你是個騙子。

而所謂辭氣，就是一個人的言辭談吐。君子有套言辭體系，在該直率時直率，該委婉時委婉。原則只有一個：不失自尊，也不傷對方的尊嚴。

所以，恰當的言辭能夠使你處於下風時不粗鄙、處於上風時不狂悖。

曾子所說的三個方面是容貌、顏色和辭氣。雖然看起來似乎都是表面，但表面可以影響內在。當你感到憤怒時，如果能做出溫和的表情，實際上反而會使你平靜。

這就是曾子的教育方式。如果你沒有貴族精神，那就強迫自己裝作有貴族精神、有貴族的習慣。裝著裝著，說不定就真的有了。就像你不喜歡一個女孩，但你假裝喜歡她、讚美她，這時你就會想盡辦法發現她的優點，說不定你就會真的喜歡上她。

如果有人問：好性格和好習慣，哪個更重要？當然是好習慣。

比如，有些人知道要尊重他人，但這只是內心想法，未必懂得如何實踐。相反的，如果能養成具體的習慣，像是不打斷別人說話、進門先敲門等，這才能讓他人真正感受到你的尊重。

說得更具體一點，如果你很佩服某個人，想向他學習，那麼你要學習他的性格？還是他的習慣？當然是後者。流氓和貴族的區別，是基於性格還是習慣？當然也是習慣。所以，與其說性格決定命運，不如說習慣決定命運。

總的來說，與其接受大師的心靈雞湯，不如學習成功人士的工作習慣。

第十四章

知之者比不上樂之者

孔子是中國歷史上第一間私人學校的創辦人、第一位私人教育家。作為偉大教育家，孔子有許多關於學習的論述，至今仍為我們津津樂道。比如：學而時習之，不亦說乎、溫故而知新、舉一反三、三人行必有我師等。

這些話確實很有價值。但在我們這個時代，這些其實都不重要，最重要的是《論語》中的以下兩段，首先是：

子曰：「知之者不如好之者，好之者不如樂之者。」

（出自《論語・雍也篇》）

孔子說：「懂得它的人，不如愛好它的人；愛好它的人，又不如以它為樂的人。」這一章，孔子所講的是學習者的層次。

不過對於這一章的解讀，歷來都不盡相同。

以彈吉他為例，錢穆認為孩子要學好吉他，就要讓他喜歡上吉他，進一步，要讓他沉浸於吉他；南懷瑾則認為，孩子若對吉他有興趣，就要培養他、引導他學習。

錢穆的意思是，讓這個孩子先開始學，並在學的過程中培養興趣；南懷瑾則是說，先發現孩子喜歡，然後再讓他學。

由此我們可以得出結論：錢穆是要改造人；南懷瑾則是因應人的天性、天賦，引導、培養他。基本上，錢穆的理念屬於傳統思維，南懷瑾屬於現代思維。

這兩種不同的思維，前者俗稱為填鴨式教育，千人一面（按：一千人有一樣的面孔，多用以譏諷文藝創作上的雷同）大一統；後者尊重興趣，因此真正有創造性的學生能夠出頭天。

填鴨式教育中，從小學開始到大學畢業，所有的課程由學校安排，所有的學生都上同樣的課程。而到了大學，基本上不可能更換主修；可是在重視創造力的教育體系中，從小學到高中都由學生自行選課。到了大學，學生也可以申請轉系。之所以這樣比較，是因為我們往往會忽略這個問題。

我們再以同樣彈吉他的例子來說明：一個孩子，對吉他沒什麼興趣，但因為父母要求或者追求時髦，而學會了彈奏。這種就是知之者。

另一個孩子喜歡吉他，主動要求學習，學會了彈吉他，但是僅此而已，只會偶爾拿出來彈一彈。這種就是好之者。顯然，好之者的演奏能力，會比知之者更好。

第三個孩子則痴迷吉他，整天琢磨彈奏技巧，恨不得每天抱著吉他睡覺。只要一聽到厲害的吉他演奏，就高興得睡不著覺，一定要學會。這個就是樂之者，也就是俗稱的發燒友（按：發燒友一詞源自香港，愛好者的意思）。樂之者的演奏能力，會是這三人當中最高也最有創造力的。

那麼，錢穆和南懷瑾，誰的辦法更好？應該讓本來沒有興趣的孩子去學吉他，再將他培養成樂之者；還是找到樂之者，並培養他學習？

答案很顯然，南懷瑾的方法更好。

如果讓沒有興趣的孩子學習彈吉他，他會很痛苦，因為他被迫學習，也容易學不好。而讓樂之者學習，他會很主動、很沉醉、很快樂，會努力動腦、千方百計的學習。最後，他不僅學會彈吉他，還很快樂。

為何華人數學好，卻不頂尖？

在美國，華人孩子被認為擅長數學，事實上也是，他們的數學成績在班上往往名列前茅。基本上，拉丁裔的孩子和黑人孩子的數學一塌糊塗，白人孩子成績一般，但少數的人成績很好。

到了大學，情況卻發生逆轉。為什麼？難道華人的智商實際上比白人低嗎？不是的，真相其實很簡單。

華人重視數學，許多家庭會送孩子去補習、督促學習，也因此他們的孩子普遍在數學表現優異。但因為父母的過早壓迫，反而讓孩子失去對數學的興趣，降格為好之者或知之者。而白人家庭不同，他們放任孩子學習自己喜歡的課程。所以，但凡是數學成績好的孩子，都是好之者或樂之者。

到了大學時，樂之者樂此不疲，持續向上；好之者只追求可以順利畢業；而知之者更糟糕，他們很可能完全跟不上，甚至無法畢業。但這並非說華人孩子都不是樂之者，而是樂之者的「樂」要麼被忽視，要麼早早就被父母扼殺在搖籃裡。

在這裡得提到一個人：中國雜交水稻之父袁隆平，一位偉大的樂之者。他之所以能取得成就，就是因為他沒有家財萬貫的父母為他制定遠大目標，且他的興趣如此卑微——種田，以至於沒有人來跟他爭奪從事這項事業的權力。

之所以說這些，是為了說明一點：如果你僅是為了升學而學習，那你不過是個知之者；如果你為了愛好而學習，就能更上一層次；如果你會為了自己痴迷之事而廢寢忘食，才可能有大成就。

很多人，或者說絕大多數的人，既沒有「好之」也沒有「樂之」，所以註定只能是個知之者。從這個角度來說，如果你有愛好，那絕對是件值得慶幸的事，應該為此學習；如果你有「樂之」的東西，這就是你最大的財富，應該為之奮鬥。

當然，如果這個「好之」或「樂之」是惡劣的東西，那你必須警惕，像是吸毒或嫖娼。但是，很多東西實際上介於好壞之間。

比如電玩，有些青少年為之著迷，但多半被家長視為不好的習慣。可是現在不是有合法、正式的電競比賽了？總之，當你對某樣東西「樂之」時，不要輕易放棄。

同理，如果你是家長，不要輕易扼殺孩子的興趣，因為這可能是他的唯一。你最應該做的事，就是發現孩子的興趣所在，並引導他。

找到你的定位，再決定努力的方向

兩千五百多年前，孔夫子就指出了創造力的來源，可惜的是，後人對此完全懵懂無知。我們對《論語》的理解和應用，完全是買櫝還珠。

孔子曰：「生而知之者，上也；學而知之者，次也；困而學之，又其次也；困而不學，民斯為下矣。」

（出自《論語．季氏篇》）

孔子說：「透過自己思考就知道的人，是上等人；經過學習以後才知道的，是次一等的人；遇到困難再去學習的，是又次一等的人；遇到困難還不學習的人，這種人就是下等的人了。」

這是孔子按照獲取知識的方式，將人劃分等級。有人可能會覺得，孔子是個勢利眼的人，總喜歡把人劃分層級。朋友要分類、學生要分類，現在連學習者也要分類，這不是歧視弱者嗎？當然你這麼說，也有道理。不過換個角度想，這不就是因材施教嗎？前面提過定位的重要性，這不就是在幫助我們自我定位嗎？

第一等是生而知之者。生而知之，不是生下來就什麼都知道，是指能夠以自我領悟、學習吸收知識，偉大的科學家、發明家都屬於生而知之者。

第二等是學而知之者，也就是主動向別人學習，從而掌握知識的人。按照孔子自己的說法，他屬於這一種；第三等是困而學之者，就是本身沒有學習欲望，但遇到困難時會去學習，從而找到解決問題的辦法。

第四等是困而不學者。是任何情況下都不肯學習，爛泥扶不上牆的人。基本上，從學習的角度來說，這四等人就囊括了所有人。

接下來，我們用簡單的排列組合，來判斷一個人的學習能力和人生前途：把學習者的三個層次加上不知，構成四個層次。再將這四個層次，和獲得知識的四個層次進行組合，就能得到十六種組合。

每個人都能在這十六種組合中找到自己的位置，從而預判自己的人生。

生而知之的樂之者最為高級，這種人不僅絕頂聰明，且有自己樂之的事物。如果再加上環境配合，取得成功就完全是水到渠成；而最低級的是困而不學的不知者，這些人就是所謂的吸血鬼、寄生蟲。有父母可以啃的就是啃老族，沒有父母可以啃的就是要飯族。當然，絕大多數人都處於中間，因此學而知之和困而學之的知之者這兩個組合，所占比例最高。

有個話題引人熱議：為什麼以前就讀資優班的天才，長大後卻很少取得卓越成就？要麼他們根本不是生而知之的天才，只是學而知之的年齡比別人早一些；要麼他們沒有樂之，最後在填鴨式教育中失去了方向。

順帶一提，生而知之者與學而知之者有個本質上的差異，那就是：生而知之者不執著於標準答案，他們會用自己的方法尋找。因此，一個處處都是標準答案的文化，必會扼殺生而知之的天才。

每個人都給自己一個座標，再決定自己努力的方向和方法吧！

第十五章

育兒兩大關鍵——樂趣和習慣

子女教育，是人類社會中永遠的話題。遠大理想、虎媽（按：用獨斷的養育方式，欲使子女獲得更高成就的家長）、雞娃（按：父母不斷安排補習和課外活動，希望孩子贏在起跑點的行為）、別人家的孩子……究竟該怎樣教育？

在說這個話題之前，必須說一句話：每個孩子都應該擁有快樂的童年。

前面兩章已提到兩個問題：興趣和習慣。所以我們直截了當的說，**育兒最關鍵的就是兩點：第一，發現孩子的樂趣；第二，養成孩子的習慣。**

如果沒有這兩點，只是盲目補習，最終一定事倍功半。錢跟精力都花了，但快樂童年也沒有了。最後，孩子成不了才，甚至嚴重一點，孩子可能走上絕路。

前幾年流行一則虎媽故事：華裔虎媽把三個孩子都送進了哈佛。前不久，流行富爸爸的故事，說香港某高階主管花了上千萬港幣，把三個兒女送去英國留學，但三個兒女沒有一個按照父母的意願發展，最後都成了啃老族。

那些把兒女送進世界名校的故事，其實一點也不勵志。為什麼？第一，全靠金錢包裝；第二，科系並不頂尖；第三，退學率非常高。

關於發現興趣和培養習慣，首先要弄清楚時間點。《孔子家語》中，孔子說道：「少成則若性也，習慣成自然也。」意思是，小時候養成的習慣，就好像性格一樣自然發揮。根據現代科學，孩子在十歲時大腦就成型了，因此發現興趣和養成習慣，最好在十歲前完成。如果把時間往後推兩年，也就是小學時必須完成。

中國有句俗話叫做「三歲看大，七歲看老」，這是在描述性格方面，雖然有一定道理，但在現代教育環境下，我們基本不考慮。所以，在幼稚園和小學階段，重點是發現樂趣和培養習慣。

有樂，才有趣

什麼是樂趣？有樂，才有趣。所以想發現孩子的樂趣所在，首先要讓他快樂。奴隸的孩子生活中沒有樂趣；貧民窟出身的孩子，只會對拳擊和足球等產生興趣，而不是高爾夫球。所以不要著急，三歲背唐詩、五歲學鋼琴等，都太早了。

要讓孩子廣泛接觸、開拓視野，以增長見識。多玩，才能在快樂的過程中去發現或激發出興趣。發現孩子的興趣所在，要懂得引導與保護，不要因為壓迫、急於求成而損害孩子的興趣。

除此之外，也要懂得什麼是真正的樂趣。能發揮創造性，才是樂趣。比別的孩子多背幾首唐詩，那頂多是現在記性比別人好。

就算是天才，也不會同時擁有很多興趣。許多家長會為孩子報名五、六個才藝班，這就像是自費送孩子進入集中營。正確的做法應是，先發現孩子的興趣所在，再往這方面投入時間和金錢，其他方面都只能是為了輔助。

比如，孩子的興趣是彈鋼琴，那就在鋼琴方面投入精力。不過同時也可以讓孩子踢足球，但目的是為了鍛鍊體力，以便學習鋼琴。

先後順序弄清楚後，就能夠合理的分配時間、金錢和精力了。不過，也不是所有的興趣都值得去投入。比如父母身高都不到一百六十公分，孩子卻痴迷於籃球，這恐怕也只能作為業餘愛好了。所以，在確定是否投入精力培養孩子的興趣之前，最好能聽聽專業人士的意見。

但是，也要隨時提醒自己，不能忽略孩子的快樂。

常常能看到那些虎爸、虎媽，像押解犯人一樣逼迫孩子去上才藝班，扼殺他們的樂趣。這樣一來，也只會把孩子培養成知之者，最多是好之者，絕對不會是樂之者。

孩子最珍貴的財富就是樂趣，當你發現孩子的樂趣所在時，千萬不要揠苗助長，而是要小心呵護、耐心引導。

好習慣能伴隨一生

《論語》中，顏回曾經說過孔子是怎樣教導他的：

> 顏淵喟然嘆曰：「仰之彌高，鑽之彌堅；瞻之在前，忽焉在後。夫子循循然善誘人，博我以文，約我以禮。欲罷不能，既竭吾才，如有所立卓爾。雖欲從之，末由也已。」
>
> （出自《論語・子罕篇》）

顏回說的話翻譯如下：老師的學問我越是仰望，就越覺得高不見頂；我越努力鑽研，就越覺得深厚。看著他好像在前面，忽然又在後面。老師善於一步步誘導我，用典籍豐富我的知識，又用禮節約束我的言行，讓我想停止學習都不可能。我竭盡全力，仍像有座高山矗立在眼前。雖然想攀上去，卻感覺沒有前進的路了。

這就像個慈祥的父親帶著孩子在草地上玩耍，有時跑在他前面、有時在他身後。玩累了，父親就會坐在孩子的身邊，耐心的教導他知識、培養他的習慣。對待孩子就是要這樣，不要急、不要給他壓力，要掌握節奏引導，讓他從中感到快樂。這就是循循善誘。

還記得我小的時候，曾經有一次發燒，媽媽買了我喜歡吃的柿餅給我。但發燒時食慾不好，我嚐了一口柿餅就感到噁心，從此再也不吃柿餅。

這說明一個道理：當孩子已經感到疲倦、煩躁時，如果家長還強迫他做什麼，往往會引發逆反心理。這就是孩子興趣夭折的主因。

同樣的，在小學結束前，必須讓孩子養成好習慣。好習慣比好成績重要一萬倍，成績是可以追上來的。事實上，國中生只需要一個假期，就能補上小學教的所有內容。但是，壞習慣一旦形成，要改變就難上加難。

好習慣能伴隨一生，有了好習慣，孩子未來的學習都會很輕鬆，但沒有好習慣，孩子一進入國中就會立刻備感壓力了。確實有些成功的虎媽案例。但其實，虎媽的成功之處在於她們讓自己的孩子養成了好習慣，儘管態度嚴厲、手段有點粗暴。我們必須承認，虎媽們雖然可能摧毀了孩子的樂趣，但是往往培養了孩子的好習慣。

她們的孩子成不了樂之者，還是能成為知之者。那麼，怎樣培養孩子的好習慣？這一點，子夏最有經驗。

有一次，子游對人說：「子夏教的那幫小兔崽子，做些打掃衛生和迎送客人的事情還可以，但這些不過是末節小事，根本的東西卻沒有學到，這怎麼行？」子夏聽說之後，對來人說：「君子學習的內容是有先有後的，沒有本就沒有末。」

子游曰：「子夏之門人小子，當灑掃應對進退，則可矣。抑末也，本之則無，如之何？」子夏聞之，曰：「噫，言遊過矣！君子之道，孰先傳焉？孰後倦焉？譬諸草木，區以別矣。君子之道，焉可誣也？有始有卒者，其惟聖人乎！」

（出自《論語．子張篇》）

子游所說的「灑掃應對進退」是什麼？灑掃，就是打掃衛生；應對，就是待人接物；進退，就是服侍老師、長輩。

有人說，這些很重要嗎？不是很簡單、很卑微嗎？但習慣就是從這些最卑微、最不起眼的事情中形成的。

比如灑掃。每個學生在下課後都要打掃教室，有的是每天掃、有的是一週一次。有的是全班一起、有的是同學間輪流。看起來很簡單，但有沒有認真打掃？有沒有達到打掃的要求？有沒有想辦法提高效率？有沒有團隊合作？

孔子和曾子都說，做事情要盡心盡力、有始有終，那麼一週打掃一次教室，有沒有做到盡心盡力、有始有終？看似小事，其實是在形成做事的習慣。如果能盡心的完成打掃工作，是在塑成認真負責的習慣。反之，就是在養成敷衍了事的習慣。

比如應對。見到老師要如何打招呼？怎麼請求幫助？如何認錯？寫信的敬語怎麼寫？如何接受別人的道歉？這都是生活中的點點滴滴。做得恰當，討人喜歡、少惹麻煩；做得不好，讓人討厭、瞧不起。

又或是進退。與老師之間的禮節、對長輩的稱呼、跟異性同學的相處、用餐的禮儀等，都反映出一個人的修養。做得好，讓人尊敬；做不好，讓人厭惡。

這些，最終都會形成習慣，且將涵蓋你未來的工作、學習和生活。因此，好的習慣，受用一生。一個人是否受人尊重，取決於與人交往的細節，而不是偉大理想。

所以，與其向孩子們灌輸偉大理想，不如扎扎實實的從打掃、應對、進退開始，養成孩子的好習慣。換言之，偉大理想是靠好習慣實現，而不是靠嘴完成。

正因為如此，所以子夏又說：「雖小道，必有可觀者焉。致遠恐泥，是以君子不為也。」意思是，即便是小道，也都有它的可取之處。去研究那些虛無的概念恐怕就會陷入泥潭，君子不會那樣做。

所以，小道才是正道。那樂趣和習慣，哪個更重要？當然是習慣。因為樂趣只與學習或能力有關，而習慣涵蓋生活所有方面，也是樂趣發展的基礎。

孔子教學生並不是只教知識，還教他們做人做事。《論語》中有這樣的記載：

> 子以四教：文、行、忠、信。
>
> （出自《論語・述而篇》）

孔子在這四方面教學生：文就是文化知識，包括前面所說的樂趣；行就是行為舉止，也就是灑掃、應對、進退；忠，就是盡心盡力、有始有終，是做事的原則；信，與人交往要誠信，是做人的原則。

要教育自己的孩子，也必須從這四個方面著手，缺一不可。

但是，有一個非常現實的問題擺在大家的面前。灑掃、應對、進退，除了灑掃之外，應對、進退的規矩已經有差不多一百年沒教過了。別說是我們這些家長，連家長的家長都不懂。自己都不懂，怎麼教孩子？怎麼讓孩子形成習慣？

可笑且無奈的是，家長們往往也有一堆壞習慣，因為沒人教他們好習慣。最近常常聽到這個問題：是老人變壞了，還是壞人變老了？

不管怎樣，還是希望家長明白這個道理：引導孩子的樂趣，培養孩子的習慣。學會做人做事，比掌握文化知識更重要。

家長和孩子之間的理想狀態應該是：童年時期，家長引導孩子；少年時期，家長陪伴孩子；青年時期，家長關注孩子；成年後，家長遠遠的欣賞孩子。

培養孩子做一個優雅的普通人，而不是一個了不起的名人。

第十六章

人生三戒

人就像一部機器，磨合一段時間就進入運行的黃金期。在這之後，會開始磨損、零件出現問題，有的零件可能勉強還能用、有的得更換。最後，走向報廢。

每個人都有生老病死，會成長、也會衰老，這是自然規律，我們無法抵抗。人的體力、思維也都是這樣的過程，從幼稚到成熟再到過時，或者失憶、失智。

就算再怎麼偉大，孔子也還是人。但可笑的是，歷來解讀《論語》的學者們，彷彿都認為孔子的思想從來沒變過，認為他的一生就是個點，而不是一條線。

事實上，孔子對人生的變化看得很透澈，也有很精闢的總結。

在《論語》中，既有孔子對自己一生的總結，也有對人生三階段的概括。在不同的階段，每個人都需要及時調整心態，應對不同挑戰。

子曰：「吾十有五而志於學，三十而立，四十而不惑，五十而知天命，六十而耳順，七十而從心所欲，不逾矩。」

（出自《論語．為政篇》）

晚年時，孔子這樣總結自己的一生。他十五歲便立志於學習。一般來說，人們到了十五歲時，會對自己的將來有較明確的目標，也對社會有初步了解。所以，這時立志是正常的。為什麼立志於學習？是因為他當時目睹了魯國最有學問的叔孫豹的葬禮，感受到人們對他的尊崇，於是立志成為像叔孫豹這樣有學問的人。

也就是說，孩子十五歲左右將要樹立人生目標時，外界對他的影響非常重要。這個階段，父母應該好好引導孩子，讓孩子接觸正確的事物，避免負面之事。算起來，這差不多是國中畢業的時候。所以，國三升高中的暑假很重要。

三十歲時，孔子有了自己的事業。他辭去季孫家的鐵飯碗，毅然決然獨立創業，開拓未知領域，創辦了中國歷史上第一間私立學校。

當今世界屬於年輕人，二十多歲就創業的人有一大堆。但三十歲是個不錯的年齡，既有一定的財力，也有社會經驗和人脈，還有專業知識和能力，心智也更成熟，這個時候創業，成功的機率比較大。所以不用著急，大學畢業後可以先摸索幾年，確定今後的方向，再打幾年基礎，差不多三十歲時再開始。

四十歲時，孔子能夠不再衝動，不再被人糊弄。

創業十年，有苦有甜，風風雨雨總算闖蕩過來。這時，對世界有了更清楚的認知，也放棄了一夜暴富的幻想。很多人在四十歲之前，往往被人糊弄著做直銷、傍大款（按：指崇拜、追隨並依賴有錢人）等，結果都是一場空。到了四十歲才明白什麼是踏實做事、老實做人，平平淡淡才是真的。

五十歲時，孔子就懂得天下大勢，眼界開闊了。事實上，人到了五十歲，正是經歷最豐富、思想最成熟的時候。這時，雖然體力下降但心智最強，因此五十歲是寶貴的年紀。有的人以為五十歲已老，也不用繼續努力，但其實並不是這樣。

六十歲時，孔子的心態更加平和，不再與人競爭，也更能聽進別人的話了。所以六十歲是個轉折，是對世界重新認識的階段。到這時，他開始對宗教感興趣、對現實世界疏離。到七十歲時，孔子已經變得很佛系，追求安穩與內心平靜，對人生已經看得很透澈了。

孔子對自己一生的總結，大致上也就是多數人的一生。

人性無法消滅，只能控制

孔子將人的一生分為了三階段：少年（含青年）、壯年和老年。照孔子的說法，君子有三件事應引以為戒：年少時，血氣還不成熟，要控制對女色的迷戀；身體成熟後，血氣方剛，要控制不與人爭鬥；老年時，血氣已衰弱，要控制別貪得無厭。

子曰：「君子有三戒：少之時，血氣未定，戒之在色；及其壯也，血氣方剛，戒之在鬥；及其老也，血氣既衰，戒之在得。」

（出自《論語．季氏篇》）

孔子的偉大之處，不是他口口聲聲所說的仁義道德，而是在於他承認、尊重人性。人性的弱點在他看得清清楚楚。戒色、戒鬥、戒貪，總之，想什麼就戒什麼。不過孔子的意思不是徹底戒除，而是不要過度，要警惕、控制。少年，好色；壯年，好爭好鬥；老年，變得比較貪。

關於少年好色，這一點沒什麼好說，人人都知道。

壯年好鬥這一點，畢竟愛情、錢財、權力、名譽，哪樣不需要靠鬥？哪樣是會從天上掉下來的餡餅？除非你是王思聰（按：萬達集團董事長王健林的獨生子）。

至於老年，人老了，血氣雙衰、鬥志減弱。這時，人就會變得保守多疑。不能好色，於是就將重點轉移到貪財上了。所以，人老了就容易吝嗇、貪婪。為什麼騙子喜歡騙老人？常說上當都是因為貪婪，這話一點也沒錯，騙子都是看中這點。

回到現實層面來看，雖然孔子說得沒錯，但對我們有什麼幫助？難道要我們年輕時不要好色，壯年時不要好鬥，老年時不要貪婪？

當然不是，這些都是人性的一部分，無法消滅。唯一能做的，就是將它抑制在合理的範圍內。明白這個道理後，就能事先做好防範，因此遇到事情時能冷靜應對，這樣就算是做得不錯了。

年少時，正處於長身體的時期，精力旺盛無處發洩。男生精滿自溢、女生少女懷春。俗話常說「傻小子睡涼炕，全憑火力壯」（按：指年輕人做事全靠體魄和氣概），或是「半大小子，吃死老子」（按：指青春期時尚未有工作能力，卻食量很大）。總之，這個時候，能吃能睡、閒著發慌。也因此賭博泡妞、街頭鬥毆，基本上都是在這個時期做的。

好色，就容易衝動、被誘惑。用現代話說就是精蟲上腦，什麼後果都不想。其實不僅是被女色誘惑，還有毒品、遊戲等，因為這時對世界的認識還太淺，更對未知事物有太多好奇，什麼都想嘗試看看。正是，**少年**不識愁滋味，只因**容易被誘惑**。

該如何應對？首先**要多學習、多見識，懂的多了，就更能辨別是非**。面對誘惑就知道什麼可以嘗試、什麼不能碰等，自己心裡有數。但單靠內心抵抗誘惑並不實際，要讓旺盛的精力有地方安放、發洩，才能從源頭解決問題。這就像是大禹治水，光靠堵是行不通的，要靠疏導。

有些青少年整天無所事事，到處閒晃，一定會出問題，因為無事必然生非。

所以，青少年需要引導，比如運動。這不僅能發洩多餘的精力，還能有益身體健康，更能交友、培養團隊精神，甚至還能成為職業。而且，運動不受金錢限制，有錢的人可以打高爾夫球，錢少的也能打網球、羽毛球，沒錢的人可以打籃球、踢足球，實在更沒錢的人，登山、跑步還是做得到的。

當然，除了運動之外，還有很多可以作為愛好或者奮鬥目標的活動，目的都是把多餘的精力發洩在好的地方。做到這些，就算是做到「戒之在色」了。

特別需要提醒的是，青少年除了自我和家長引導之外，常見的就是被同儕影響。所以交友要謹慎，誤結匪友很可能貽害終身。

爭與不爭，適度就好

壯年，是人一生中最強大，也最脆弱的時期。

之所以強大，是因為這時身體最強壯、頭腦最成熟；之所以脆弱，是指感情和精神方面。這時候正好上有老、下有小，老婆沒事整天吵。工作不開心，生活壓力大。兩相交集，人的好鬥心就被激發出來了。你看好萊塢（Hollywood）電影中，心黑、手段狠又能打的硬漢都是中年人，這是有道理的。

好鬥，就容易被激怒、被慫恿。所以，**這個階段要學會控制自己的情緒、提升自己的修養**。但你沒辦法要求自己完全與世無爭，這也違背人性。

中華文化對於爭鬥的看法，本身就充滿矛盾。既「流水不爭先」（按：做事要腳踏實地，不爭一時之長短，就像流水一樣），也有「佛爭一爐香，人爭一口氣」的說法，那到底是爭還是不爭？爭，說你功利；不爭，說你不上進。曾有段時間，流行奮鬥；後來，又流行佛系；再到現在，開始流行躺平。

所以說來說去，爭與不爭，適度就好。貧窮落魄時，你一定要爭，否則沒有未來；有一定成就時，就要小心謹慎。如果不爭也能過得不錯時，就別爭了。

最後，**人到了老年，就會缺乏安全感**，且越老越缺乏。為什麼詐騙集團都專挑老年人下手？因為他們沒安全感時**容易貪財**，貪財往往失去理智，就容易被糊弄。

貪財這件事，並不會因為貧富而有所區別。法國作家奧諾雷．德．巴爾扎克（Honoré de Balzac）筆下的葛朗臺（Grandet），就是個有錢的吝嗇鬼，不過這也符合葛朗臺的年齡。人越老就會變得越吝嗇，只是程度不同而已。貪財其實不算錯，但不應該貪戀不屬於自己的財。很多老人被詐騙以後還不敢報案，為什麼？因為他們自知自己在覬覦不該擁有的錢財。

守財更不算錯，錢財不要輕易拿出來，就不會輕易被騙走，但守財也得有個度。守財的目的不就是為了給自己用嗎？所以，對自己不要太吝嗇，否則就成了守財奴。

人生各階段，重要的是找到解決方法

其實，孔子的人生三段論還不夠全面。在老年的後半段，問題就會從貪，轉為囉嗦偏執了，總是同一句話反覆的說，不管見誰都說。也會變得固執，想做什麼就一定要做，誰勸都沒用。還會有失智的狀況出現，眼前的事記不住、過去的事忘不了。所以到了這時，就能感覺到人性大變，甚至完全變成了另一個人。

比如孔子。孔子從前不喜歡抱怨，可到了老年後半，開始抱怨連連，甚至說百姓把仁當作洪水猛獸，寧可赴湯蹈火也不接受；孔子從前不喜歡罵人，這時也開始罵人了，罵宰我、樊遲、冉有；孔子從前說，不在其位不謀其政，這時卻也開始管閒事。齊國發生政變，他就去找魯國國君，要他出兵齊國。

不只如此，他說話也變得囉嗦，不管看誰都不順眼，甚至說酒器也長得跟從前不一樣了。最後，孔子的失智症狀越來越明顯，常常自言自語。

人到了這時，就是讓人嫌棄的階段了。我們常說老人如小孩，但小孩還可愛，老人呢？重點是，人到了這個階段，其實並不自知，感覺不到自己的問題。

所以，要避免受人嫌棄，在老年前就要做好安排。比如，有些人會拒絕和子女同住，或是提前選好養老院等。

人生各個階段，都必須明白當前的問題，以及解決問題的方法。

第十七章

力求表現要注意場合

有個詞，叫做賣弄。什麼是賣弄？網路上的定義是恃恩弄權；誇耀、顯露本事；炫耀或驕傲的展現。這些定義有點複雜，這邊提供簡單明瞭的解釋：賣弄，就是為了顯示自己的與眾不同，招致別人討厭、嫉妒或者替自己帶來麻煩的行為。

多年前，有一個叫郭美美的女人在網路上炫耀自己的財富和豪車，以及她所謂紅十字會商會會長的身分，招來人們的厭惡、質疑，以及相關部門的調查，最終被判入獄。這，就是典型的賣弄。

有些人可能為此感到困惑。這是個張揚個性、表現自我的時代，要怎麼掌握尺度，才不至於變成賣弄？其實在孔子的時代，也有這樣的現象。賣弄，可能是人們內心深處的需求吧！

《論語》中有這樣一段記載——

子畏於匡。曰：「文王既沒，文不在茲乎？天之將喪斯文也，後死者不得與於斯文也；天之未喪斯文也，匡人其如予何？」

（出自《論語．子罕篇》）

這段紀錄描述，孔子被匡地人民圍困時所說的話。他說：「周文王死了以後，周朝的禮樂文化不都在我這裡了嗎？假如上天想消滅禮樂，那後人就再也見不到了；上天如果不消滅這種文化，那麼匡人又能拿我怎麼樣？」

這是怎麼回事？孔子為什麼會被匡地人包圍？說起來，全都是賣弄惹的禍。孔子有位弟子叫做顏高，是魯國著名的勇士。當初魯國的陽虎曾經占領匡地，對當地人很殘暴，當時顏高就與陽虎一同攻城。

這次顏高跟隨孔子來到這裡，一行人就住在城外的破廟裡。顏高為了誇耀自己的勇敢，帶著大夥來到城邊，指指點點說當初的戰鬥是怎麼回事，自己是從哪個缺口殺進去等，結果被城裡的士兵注意到了。

倒楣的是，孔子的身材跟陽虎很像，都是一百九十幾公分的大個子。於是，城裡人認為孔子就是陽虎，一呼百應，出來包圍了這群人。萬幸的是，後來匡人發現孔子不是陽虎，才放了他們一馬，但還是拒絕讓他們通過，孔子不得不返回衛國去。

顏高就是在不恰當的場合展現自己的功績，結果招來禍患。這就是賣弄。其實，他還有一次賣弄的實例，也差點讓他送了命。

這次，是魯國與齊國交戰，顏高也參加了。雙方列陣後，顏高還在吹噓，說自己的弓有一百八十斤（按：先秦時期的斤，經過公制換算後約為兩百五十公克。一百八十斤約為四．五公斤）的力量，讓大家都很好奇，一個接著一個拿去試。結果傳來傳去，弓傳到不見了。這時，齊國人開始衝鋒，顏高手上沒弓，只能搶一把普通的弓來用。還好，沒有被打死。

才能或者成績，若在恰當的場合展示出來，就是展現自我；在不恰當的場合，就是賣弄。所以，當你忍不住想展示時，要先思考場合是否合適。

舉個例子，朋友請你吃飯，你們的孩子是同學，但你的孩子成績更好。這時就別炫耀孩子考上了好大學，或得了什麼獎。否則，這就是朋友最後一次請你吃飯。

或是參加婚禮時，不要打扮得太帥；參加葬禮時，也不要哭得太投入；在主管面前，不要太過展現自己的機敏。全都是因為，主角不是你。

聰明反被聰明誤

顏高的賣弄，都還算是有驚無險。可是臧武仲的賣弄，後果就嚴重了。臧武仲是誰？有次，子路問孔子自己要怎麼做，才算是個完美的人。

孔子說：「你如果有臧武仲的智慧、孟公綽的克制、卞莊子的勇敢、像冉求那樣多才多藝，再用禮樂加以修飾，也就可以算是一個完美的人了。」

子路問成人。子曰：「若臧武仲之知，公綽之不欲，卞莊子之勇，冉求之藝，文之以禮樂，亦可以為成人矣。」

（出自《論語．憲問篇》）

連孔子都稱讚臧武仲的智慧，可見這人真的很聰明。在魯國，臧家一向以聰明著稱，臧武仲名叫臧紇。因為身材很矮，魯國人稱他為侏儒。他世襲了魯國的司寇，地位僅次於三桓。

季孫家的季武子想要立小兒子為繼承人，又怕大兒子不高興。他知道臧武仲很聰明，就請他來幫忙想辦法。臧武仲知道這種事不能多管，誰管誰倒楣，所以拒絕了。但他是個喜歡賣弄聰明的人，有好主意卻不能說出去，他很難受。

最後，他主動把方法告訴了季武子，季武子就採納他的建議立了小兒子。大兒子知道後恨死了臧武仲，後來就跟孟孫家聯手，把臧武仲趕到了齊國。

臧武仲逃到齊國後，齊莊公很喜歡他，準備賞賜領地給他。但當時，齊莊公也正準備趁晉國內亂時攻打晉國，於是跟臧武仲談起這件事情。臧武仲覺得齊莊公的想法很蠢，他本來不想說，可是最終還是沒忍住。

於是他對齊莊公說：「我覺得您就像隻老鼠，整天躲在人少的地方，晚上出去、白天躲起來。人家內亂時你出兵攻打，等內亂結束了，你又得去賠禮、道歉、進貢，這不是老鼠是什麼？」齊莊公很生氣，於是取消了賞賜的想法。

對此，孔子曾說過：「做個有智慧的人很難，像臧紇這麼聰明的人，在魯國混不下去，就是因為他的做法不順乎人情。」

臧武仲確實非常聰明，他看事情看得很透澈，知道不該管季孫家的家事，連自己會被趕走這樣的事情都有所預料，甚至他也有辦法迴避這樣的結果，可是他還是忍不住賣弄聰明。在齊國時也是這樣，臧武仲的話雖然難聽，但後來的事態發展跟他所說的一樣。他非常有遠見，可是他總是管不住自己，最終便沒有什麼好結果。

所以，如果不懂得運用聰明反而會成為一件壞事。有所為、有所不為，該直爽時直爽，該奉迎時不要反對，不該說話時就不要賣弄，這才是真正的聰明人。

給子路建議時，孔子先說了要像臧武仲一樣有智慧，但馬上意識到不妥，因為臧武仲喜歡賣弄，而子路也喜歡賣弄自己的勇敢。所以，孔子才接著提到孟公綽和卞莊子，這兩人都不是喜歡賣弄的人。

孟公綽非常有智慧，但平時話不多很沉穩，說話點到為止。

卞莊子則是魯國的勇士。有次，卞莊子在路上遇見兩隻老虎在吃一頭牛，卞莊子原本想出去殺掉老虎。可是侍從勸他等一等，等老虎吃完後一定會相爭，到時候小的死、大的傷，就可以輕鬆殺掉牠們了。他聽了忠告，最後成功然殺了兩隻老虎。這就是坐山觀虎鬥的故事。所以，卞莊子之勇，是有勇、有謀的勇，是不賣弄的勇。

而冉求就是冉有，是子路的師弟，也是做事沉穩、不賣弄的人。

好的賣弄，讓你自豪又不惹麻煩

現代社會講求高調、眼球經濟、注意力經濟、流量。因此，人們比任何時代更需要展現自己的與眾不同。正因如此，掌握好自我表現的度就越來越難。

有時候，做某件事可能受人鄙視，但同時能獲得經濟上的好處，這樣算不算賣弄？古人的賣弄，是彰顯自己的長處，但現在很多人賣慘、賣無恥，這些算不算賣弄？有種說法是高調做事、低調做人。看似有理，實際上毫無道理，難道做事和做人可以分開嗎？

網路時代，拚的就是各種炫耀，炫顏值、炫才能、炫財富。看看那些網路紅人（簡稱網紅），都使盡渾身解數博流量、博名氣，不炫行嗎？

不要說中國，全世界都是如此。美國總統唐納·川普（Donald Trump）之所以能二度當選總統，很重要的因素就是在網路上展現。如果他是個低調的人，怎麼有可能吸引這麼多選民的選票？作為普羅大眾，要怎麼處理展示自我和賣弄之間的關係？

從後果的角度來說，在高調炫耀之前，要先考慮會不會為自己帶來麻煩，如果會，這就屬於賣弄。比如，炫耀你的非法所得或說謊，這些都屬於賣弄，相當危險。

從受眾的角度而言，要思考你炫耀的對象，是不是你希望能關注你的人。比如，妳是個美女，在一群富二代帥哥的面前賣弄，那算展示；但如果妳在一群不比妳漂亮的女人面前賣弄風騷，那就是在拉仇恨。

從場合的角度來看，要考慮炫耀能否幫助你提升關注度。通常，在公共場合可以高調，這能提高你的知名度，且不會得罪具體對象。即使得罪，也無所謂。在私人聚會就該盡量低調，因為這時高調也不會提升流量，反而會讓身邊的人對你反感。

假設妳是個網紅，在網路上可以把自己打扮得花枝招展，說自己是天下最漂亮的女人，反正這沒什麼標準。可是，如果是去參加好朋友的婚禮，就要讓自己衣著樸素，不要搶走新娘的風采。

再舉個例，假如你很有錢，也是光明正大賺來的錢。可以在網路上炫耀你的豪宅、豪車，網友們會羨慕、敬仰你，渴望認識你；但如果你在朋友間炫耀，他人多半會嫉妒、疏遠你。現在流行著一句段子：朋友之間的關係，就是嫌你窮、恨你富。

最後，總結一下。如果做一件事既不會拉仇恨，也不會招惹麻煩，還能讓你有成就感、自豪感，為什麼不去做？這肯定不是賣弄。

但如果做一件事既拉仇恨，又惹麻煩，像是有些人忍不住炫耀家裡來源不當的財富，這種就屬於典型的腦殘，是最愚蠢的賣弄。

第十八章

守規則是文明的象徵

每個人都知道孔子，但其實每個人也都不知道孔子。

不論是過去尊崇孔子，或是在五四運動（按：一九一九年中國爆發的示威運動，文化上受到一九一五年開始的新文化運動影響，引起反孔潮流）後批判孔子，事實上，從來沒有人真正了解孔子的思想，好像也沒有人有興趣了解。

孔子的一生，都在宣揚周禮。周禮是什麼？為什麼孔子認為它是世上最好的東西？周禮對我們所生活的世界有沒有意義？甚至，什麼是禮？以上這些，都沒人在意，也從沒有一個《論語》的解讀者試圖說明清楚。事實上，現代的《論語》解讀者自身也不知道禮為何物。

禮，不是禮貌的禮，也不是禮品的禮。禮，由禮制、禮節、禮儀三部分構成，是周朝貴族社會的行為規則。**因此禮，是一種規則**。

那麼，禮和法有什麼區別？**禮是告訴你應該怎樣做，法是告訴你不能怎樣做**。如果你違背禮的要求，多數情況下會受到鄙視，少數情況下會受到懲罰；但如果觸犯了法，就必須接受懲罰。所以，禮是基於自覺的行為規則，是給有自尊的人遵守；而法是強迫執行的，人沒有尊嚴可言。

法，不是規則。而社會文明的高低，取決於人們守規則的程度。

以交通為例：汽車禮讓行人，這是規則（禮）。可以讓，也可以不讓，不讓不會受到懲罰（按：根據二〇二三年六月新上路的法規，汽車駕駛未依法禮讓行人，將可處新臺幣一千兩百元以上、六千元以下罰鍰）；而闖紅燈罰款，這是法。只要你闖紅燈，就要罰款。

兩個文明程度不同的社會，都不會闖紅燈。區別這兩個社會的，是誰會自發性的禮讓行人。所以，所謂的法治社會，只能維持基本秩序；而和諧的社會，所有法治和規則必定都被落實、執行。

這就是禮的作用。

孔子追求的是一個和諧的大同世界，所以他更看重禮，一生都在宣揚禮。而我們的現代社會，缺乏的不是法，而是禮，也就是規則和落實。

成為規則的主人，不當奴隸

孔子總是不厭其煩的解說，宣揚為何禮不可或缺。在《論語》中，記載著孔子如何描述禮的作用：

子曰：「恭而無禮則勞，慎而無禮則葸，勇而無禮則亂，直而無禮則絞。君子篤於親，則民興於仁；故舊不遺，則民不偷。」

（出自《論語．泰伯篇》）

這段話的意思是，「只是恭敬而不懂得禮，就會覺得很累；只是謹慎而不懂得禮，就會畏縮拘謹；只是勇猛而不懂得禮，就會製造禍亂；只是直率而不懂得禮，就會說話尖刻。在上位的人如果厚待自己的親屬，百姓中就會興起仁的風氣；君子如果不遺棄老朋友，百姓就不會對人冷漠無情了。」

孔子在這裡講述了禮的重要性，也就是規則的重要性。

在講解內容前，先簡單介紹禮。禮就是行為規則，涵蓋了社會生活各方面，也包括了語言。比如，初次見到另一半的家人該怎麼應對、受人感謝時該如何回應等。又或是，結婚的禮有六道程序，俗稱周公之禮，下一節會再介紹。

秦朝摧毀了整個貴族階層，也摧毀了周禮，因此周禮在秦朝後逐漸消亡。現在，可以來分析孔子說的話了。

為什麼說只是恭敬而不懂得禮，就會覺得很累？因為不懂規則，就無法掌握尺度。像是第一次去見岳母，不知道具體的禮儀、禮節，你就會很緊張，帶了一堆見面禮、整天不停的點頭哈腰，還常擔心自己是不是做錯了什麼？少給了什麼？但如果你懂得禮，只要按照禮的規範，贈送合適的見面禮，見面時鞠個躬，告別時也鞠個躬。只需要照這樣做，就不會那麼累了。

為什麼說只是謹慎而不懂得禮，就會畏縮拘謹？因為不懂規則，就不會掌握分寸。不明白你的權利，可以做的卻不敢做，顯現出來就是畏縮拘謹。

為什麼說只是勇猛而不懂得禮，就會製造禍亂？因為不懂規則，就無法分辨什麼是正當防衛、什麼是見義勇為，你就會濫用武力。

為什麼說只是直率而不懂得禮，就會說話尖刻？因為不懂規則，就無法掌握用詞。比如你覺得隔壁老王的老婆很醜，周禮中的表達方式是「您看上去很有內涵」，可是你不懂，你就說「妳的臉長得好像黃瓜皮啊！」這就是尖刻了。

不懂規則，甚至美德都不美德了。不懂得規則，謙讓也可能造成混亂。就像開車，該你走你不走，你要讓別人，結果誰也走不了。甚至有時候，在不懂規則的情況下謙讓，會讓對方感覺你在羞辱他。所以，一味的謙讓不是美德，禮讓才是美德，也就是在規則基礎上的謙讓。

懂了規則，你就知道在不同場合下該如何應對，就會感覺很舒適、從容，別人也會覺得你很有自信、很有修養。

你自覺遵守規則，你就是規則的主人，所以貴族總是遵守規則；你被迫遵守規則，你就是規則的奴隸。不遵紀守法的人總是在想要怎麼逃避規則。所以，要懂規則，要守規則。

規則並非限制，而是幫助你

孔子宣揚周禮，自己當然也會遵守周禮。在《論語》中就記載了一段孔子嫁侄女的故事，我們來看看周公之禮是怎麼回事：

南容三復白圭，孔子以其兄之子妻之。

（出自《論語・先進篇》）

這段話翻譯成白話文是這樣的：南容三次執白圭求親，孔子把侄女嫁給了他。為什麼？因為這是求婚的規則。

周公在制定《周禮》時，制定了婚禮的程序。從求婚到成婚，一共是六種禮節，或者說六道程序，分別是：納采、問名、納吉、納徵、請期、親迎。其中，納采就是求婚，親迎就是把新娘迎娶回家。

六道程序中，除了問名之外，其餘的五道都必須送禮。士一級，也就是普通老百姓怎樣送禮？納采、納吉、請期都是送大雁（按：一種候鳥。以雁為禮象徵兩人的婚姻信守不渝、白頭偕老），納徵則是送黑、紅兩色的五匹帛和兩張鹿皮作為禮物，這還真是價值不菲。到了親迎時，反而不需要送昂貴的禮物。

請注意，送三次大雁。但如果是諸侯求婚，大雁就要改成圭玉，也就是這裡所說三復白圭的白圭。由於當時在魯國普遍使用越級的禮，因此雖然南容不是諸侯，也用了諸侯的禮。

我們知道，周公是孔子的偶像，而周公制定的周禮是參考商禮的基礎改進而來，非常完善。事實上，絕大多數的規則都有其合理性。那麼，周公之禮的合理性為何？或者說，人們為什麼應該遵守周公之禮？

這六道程序中，納采、納吉、納徵實際上都是求婚，也就是說，前兩次都會被拒絕。第一次，女方母親會說女兒還小、不懂事，配不上你家少爺；第二次，會說女兒家務做得不好，怕不能得到婆婆的喜歡；直到第三次才會答應。

為什麼前兩次要拒絕？因為這給了男方兩次改變主意的機會，同時也給女方了解男方的時間。如果男方堅持到第三次，女方也認可，就會答應求婚；不認可，就再拒絕第三次。之後，男方也就不會再來求婚了。

有了這些程序，雙方反悔的機率就大大降低。畢竟結婚是人生大事，應該謹慎一點。為什麼現代社會離婚率這麼高？很可能是因為求婚和結婚都過於草率，衝動型婚姻必會導致更多問題。試想，如果現代人結婚也這樣做，是否離婚率會小一點？

這說明什麼道理？就是不要以為規則只能限制，實際上，有很多規則都是用來幫助你、保護你。這就像交通規則，大家都守規則和大家都不守規則，哪樣走得快？

守不守，都要有規則意識

孔子還有很多對於禮的敘述，比如著名的「君君、臣臣、父父、子子」，意思是君要守君禮、臣要守臣禮、父要守父禮、子要守子禮。每個人都遵守自己該遵守的規則，社會就和諧了。

孔子還說：「夷狄之有君，不如諸夏之亡也。」野蠻民族有國君，不如華夏國家沒有國君。聽起來，像是赤裸裸的種族歧視。但孔子是指，華夏國家靠周禮治理，因此有沒有國君都一樣；而別的民族沒有周禮，就算有國君，也是亂七八糟。

一個人對規則的態度，反映了這個人的文明程度。那麼，怎樣才能做到守規則？要守規則，最首要的是要有規則意識。為什麼這樣說？

我們來舉個學習物理的例子：有些人物理學得很好，有些人卻怎麼樣也學不好，為什麼？因為沒有物理思維。物理思維其實說起來很簡單，就是當你面對物理題時，要從物理定律出發解題，列方程式、解方程式。

但在一開始學物理時，多數人面對簡單的題目採用的是猜答案或刪去法，並且常常答對，於是他們沒能培養自己的物理思維，之後越學就越跟不上了。

不僅物理，數學和化學也是一樣，你需要數學思維和化學思維。

再舉個例，為什麼猶太人和潮汕（按：中國廣東省潮州市、汕頭市、揭陽市等市）人這麼會賺錢？很簡單，因為他們有賺錢思維。假如有條路上，汽車經常在這爆胎，普通人會想著如何避開這條路，但他們考慮的是要不要在這裡設個輪胎維修站。這，就是思維的區別。

什麼是規則意識？就是做任何事情之前，首先考慮規則。

比如開車時，首先要遵守交通規則。不只是紅綠燈或限速，還有自覺遵守的規則，像是禮讓行人、在沒有燈的路口應該先到先走、不插隊、市區不亂按喇叭等。人們常說入鄉隨俗，俗是什麼？就是民間的規則。

那在現代生活中，規則意識有什麼好處？這可以讓你快速適應新環境。例如，你到了新的工作環境、城市或國家，就會先試著了解這裡的規則，並且遵從它。說句不好聽的話，就算你想鑽漏洞，你得先了解規則。

有些人的規則意識比較弱、鑽漏洞的意識比較強。但不得不承認，守規則應該是群體行為。如果多數人不守規則，那麼少數人也沒有辦法守規則。所以有的人可能會說，守規則當然好，但大家都不守規則，我該怎麼辦？如果購物時大家都不排隊，只有我一個人排隊，那麼我可能永遠都沒辦法結帳。

事實確實如此，所以我們也只能在可以的情況下盡量守規則，但總得有一部分的人先開始才行。往好處想，當大家都違背、只有你遵守規則時，你心裡會有種強烈的優越感油然而生，這是花錢也買不到的。

第十九章

有敬畏才有底線

孟子說：「人之初，性本善。」但荀子說：「人性本惡。」

其實，人性沒有天生的善惡。或者說，人性既有善的一面，也有惡的一面。一個好的社會，人性中的惡會被遏制，善會被發揚；反之，在壞社會中，惡會肆無忌憚，善會被抑制。

怎麼遏制人性中的惡？有些人認為要靠法治，但這些都是外力壓迫，必然遭到強力反彈。一旦反彈突破壓迫，惡就會大爆發。就像秦朝這樣的「法治」社會，一旦崩潰，接下來就是血腥報復和屠殺。像是項羽，所到之處只要抵抗，一律屠城。到了咸陽，不僅燒殺淫擄，而且把秦始皇家族全部殺死。

那能不能以規則和貴族精神遏制？這也不夠。在那種所謂「天知地知，你知我知」（按：指除了上天和當事人，其他人一概不知）的環境下，人性的惡就會不自覺流露出來。

所以，遏制不僅要靠外力，更重要的是內力，也就是來自個人的主動抑制。而這，就叫做敬畏。

說到這裡，順便說說畏和懼的區別。不敢觸碰一壺熱開水，因為碰了就會被燙，這是畏。但是，你可以避免被燙，就是不要碰它；一條瘋狗在你面前，你會懼，因為他可能會攻擊你，且不講任何道理，能否避免被咬並不取決於你。

畏是出於理智，出於腦袋；懼是出於本能，出於心。畏多是出於敬，所以常說敬畏；而懼多半是由於恐，所以常說恐懼。

孔子說過，君子有三件敬畏的事：敬畏天命、敬畏地位高貴的人、敬畏聖人的話。小人不懂得天命，因而也不敬畏、不尊重地位高貴的人，輕侮聖人之言。

> 孔子曰：「君子有三畏：畏天命，畏大人，畏聖人之言。小人不知天命而不畏也，狎大人，侮聖人之言。」
>
> （出自《論語．季氏篇》）

這裡說到了三個方面，其中天命代表大勢，不要與大勢作對；大人是指地位高的人；聖人之言就類似正確的人生道理。

實際上，在孔子的時代，人們需要敬畏的是天地、鬼神和祖先。孔子為什麼沒有提起這三樣？因為在當時這是常識，根本不用說。人們認為，所做的一切，都看在天地鬼神和祖先的眼裡。如果人做壞事，就會受到懲罰，死後會成為孤魂野鬼。所以古人說：「舉頭三尺有神明。」

在孔子生活的時代，人們要祭天祭地，這是對天地的敬畏；決定國家大事、訂立盟約要在祖廟裡，這是敬畏祖先；要祭祀社稷之神、灶神、河神等，發誓、詛咒要去亂葬崗，這是敬畏鬼神。那時，人們發誓很認真。所以，那時候人們是有底線的。

在孔子的時代，諸侯有國廟、卿大夫有家廟，專門用來祭祀自己的祖先。普通百姓則按照族群建立社，集中供奉、祭祀。比如當時魯國就有亳社（按：亳音同播，中國古地名），商族人在這裡祭祖。

對於鬼神，孔子一般不願意提及。有一次弟子樊遲詢問，孔子就告訴樊遲：「敬畏鬼神，但要遠離，就可以說是聰明了。」

> 樊遲問知。子曰：「務民之義，敬鬼神而遠之，可謂知矣。」
>
> （出自《論語·雍也篇》）

這一段話裡，最著名也最重要的就是那句「敬鬼神而遠之」了。為什麼孔子要這樣說？第一，要敬畏鬼神；第二，離鬼神太近沒什麼好處，言多必失，你總在鬼神面前東轉西晃，不知道哪天就說錯話或做錯事。所以，保持距離才是聰明之舉。

敬鬼神能讓人們的思想行為有所約束，遠之則不會讓人們為了討好鬼神，做出違背人性、損害他人的事，比如活人祭祀等。春秋時期在這點其實做得不錯，因此很少有荒唐、迷信的事發生，人們的道德水準比較高。

另外，當今世上的宗教中，在敬鬼神而遠之這方面做得比較好的是基督教。人們信奉上帝，但只是信奉上帝對人們的要求，而這些要求是人與人之間的關係，上帝並不參與其中。沒人知道上帝長什麼樣子，也沒有偶像可以崇拜。人們不用下跪、燒香，只要一週做一次禮拜，主要是修心，沒有利益關係。

第三，如果鬼神對人的要求太多，要人整天讚美、跪拜、祭祀、貢獻祭品，這樣的鬼神貌似也不是什麼好鬼神。再者，人有人的生活，鬼神有鬼神的生活，總麻煩人家幹麼？

所以，首先要敬鬼神，要有所敬畏、有底線。其次，離鬼神遠點。等死後，再去找鬼神們玩吧！

生前做好事，後世永流傳

敬鬼神而遠之，會不會讓人們離鬼神越來越遠，最後徹底忘記其存在？所以要祭祀，要定期提醒自己鬼神在看著自己，壓制自己內心罪惡的衝動。所以，古人有祭祀之禮。

孔子認為，祭祀鬼神時要相信鬼神真的在注視著你，要有誠意、保持敬畏，如果僅僅走個過場，還不如不祭祀。

> 祭如在，祭神如神在。子曰：「吾不與祭，如不祭。」
>
> （出自《論語．八佾篇》）

孔子這是在講敬畏與形式。有的人表面上有所敬畏，實際上是在騙人。祭神時，心懷敬畏之人會很虔誠的認真回顧自己做了什麼、有什麼需要懺悔或改進。但有的人卻敷衍了事，既然這樣，還敬什麼鬼神？騙鬼嗎？

祭祀是一種儀式，而儀式是為了淨化自己的靈魂，此後就能約束自己的行為。舉行儀式是耗時、耗力的事，如果不當回事，那麼何必折騰？如果不虔誠投入，怎麼淨化靈魂？怎麼約束自己的行為？這樣的祭祀還有什麼意義？

所以，空有儀式而內心沒有誠意，還不如沒有儀式。

有趣的是，春秋時期的人們除了敬天地、鬼神和祖先之外，還要敬畏後人，這一點倒是獨一無二。

按照周禮，人一生中的所作所為不能由自己來評價，必須由後人評判。因此，周禮有謚法（按：謚音同是），人死後會獲得一個謚號，由後人根據生平功過與品德修養，為其取號。

比如周厲王、周幽王在生前沒做什麼好事，死後就得到了厲（按：指暴慢無親）、幽（按：壅遏不通，指一意孤行，不聽取建議）這樣糟糕的謚號；但像是齊桓公、晉文公、楚莊王生前名聲不錯，死後都獲得了好的謚號。

衛國的孔圉（按：圉音同雨）去世之後，獲得了「文」的謚號，後人尊稱他為孔文子。子貢就來問孔子，為什麼孔圉能獲得這個謚號？孔子解釋，因為孔圉生前聰敏勤勉而好學，不以向比他地位卑下的人請教為恥，所以給他諡號叫文。

> 子貢問曰：「孔文子何以謂之文也？」子曰：「敏而好學，不恥下問，是以謂之文也。」
>
> （出自《論語．公治長篇》）

這段話衍生出兩個成語：敏而好學和不恥下問。

中國歷史上，只有兩個朝代取消了諡號，一個是秦朝，另一個是清朝。秦始皇不怕遺臭萬年，但不允許臣下評價皇帝；而到了清朝時，統治者認為不能讓後人評價前人，因此也取消了諡號。

不過中國從秦朝後便進入專制社會，皇帝的權力越來越大，大臣們每個都是馬屁精，也因此諡號越來越不真實。像是明朝皇帝的諡號，可是一個比一個好，堪稱不要臉至極。

在周朝，國君們很在乎自己死後能獲得什麼樣的諡號，因此做事時都會有所顧忌。從本質上說，這就是對後人的敬畏。

楚共王（按：也作楚恭王）去世時，反省自己的一生，認為自己犯了過錯，請求大夫（按：古代官名，是皇帝的顧問）為自己取比較不好的諡號，以免後人說自己不要臉。不過有鑑於他的反省精神，大夫們最終還是給了他一個不錯的諡號。

在《論語》中，孔子還說過「君子疾沒世而名不稱焉」。意思是，君子很擔心自己死後的名聲不怎麼樣。在孔子的時代，人們不會隨意誇耀自己。生前就開始替自己修建墳墓、立功德碑，這是從秦始皇開始的。

春秋時期，人們有四大敬畏：天地、鬼神、祖先和後人。除了害怕做壞事會受到天地、鬼神和祖先懲罰之外，也擔心受後人鄙視，遺臭萬年。因此，當時的人們做事都比較有底線。

人類需要敬畏之心

沒有敬畏，當然就沒有底線。所以，假冒偽劣、有毒食品、地下水汙染、濫捕濫殺……種種賺錢方式層出不窮，一點也不奇怪。

很多貪官都熱衷於燒香拜佛，甚至會花巨款，只為了燒到大寺廟在新年的第一炷香，難道這不是敬畏嗎？當然不是，這只是赤裸裸的行賄而已。

貪官做了很多死後會下地獄的壞事、很多神明最不能容忍的事，他們卻不害怕。以為自己只要供奉幾顆豬頭，或捐助一些香油錢，神明就會保佑他們，這不是把神明當成受賄的對象了嗎？所以，他們根本沒有信仰，內心也毫無敬畏。

動物界是絕對的弱肉強食，可是人類社會不是如此，為什麼？因為人類有敬畏之心，強大的人之所以不敢恣意欺凌弱小的人，是因為他相信還有更強大的力量在注視著自己，這就是敬畏之心。所以，人和動物的重要區別，就是敬畏之心。

為什麼會出現宗教？宗教為什麼能迅速的傳播？甚至直到今日，科學已如此發達，但宗教的力量依然強大，全是因為人類社會需要敬畏之心。

對於個人來說，當然要有所敬畏，所以我們要有自己的信仰。信仰什麼？可以看看那些你所敬佩、擁有文明智慧、善良的人，他們都信仰些什麼。

第二十章

心小了，
什麼事都是大事

以下是兩副著名的對聯：

海納百川，有容乃大；壁立千仞，無欲則剛。

開口便笑，笑天下可笑之人；大肚能容，容世間難容之事。

包容，是孔子極力推崇的品德。孔子曾說「吾道一以貫之」，有人就問曾子這個「道」是什麼？曾子說是忠恕，也就是做事要盡心盡力、做人要包容大度。

孔子最推崇的人是周公。最初，周公制定周禮就是包容的產物。周取代商之後，周公並沒有對商人趕盡殺絕，而是給了他們自己的國家。而周禮就是在商禮的基礎上制定，要是沒有周公對商文化的包容，就沒有周禮。

在《論語》中，孔子有段著名的話：

子曰：「君子和而不同，小人同而不和。」

（出自《論語．子路篇》）

這句話翻譯成白話文是這樣的：君子具有獨立見解，互補互益，不苟同於別人；小人缺乏獨立的思想，隨大流跟權威。

什麼是和？什麼是同？答案就在《左傳》裡。

和，集思廣益；同，一模一樣

梁丘據是齊景公的寵臣，負責陪齊景公吃喝玩樂。

有次，齊景公問他廉潔的上大夫晏子（晏嬰）：「唯據與我和夫？」意思是，只有梁丘據跟我和吧？晏嬰回答：「這哪能算是和？他只是一味的迎合你，頂多可說是同而已。」

「這有什麼區別？」齊景公問道。

「當然差別大了，」晏嬰說道：「和就像做肉羹，用水、火、醋、醬、鹽、梅烹調魚和肉、用柴火燒煮。廚師調配味道，使各種味道都恰到好處；味道不夠就增加調味料，味道太重就減少，最後做出可口的肉羹來。

「國君和臣下的關係也是如此。君是肉，臣下們就是水、火、醋、醬、鹽、梅。

國君出主意，但臣下們要提供自己的看法，綜合在一起，就是最好的想法。

「音樂也像味道一樣，由一氣、二體、三類、四物、五聲、六律、七音、八風、九歌各方面相配合而成，由清濁、小大、短長、疾徐、哀樂、剛柔、迅緩、高下、出入、周疏各方面相調節而成。

「但現在梁丘據不是這樣，國君放個屁他也說是香的。如果用水來調和水，有誰能當肉羹吃？如果彈琴時總是彈同一個音調，誰聽得下去？梁丘據什麼都跟您相同，要他還有什麼用？」

因此，和就是各人暢所欲言，表達自己的見解，集中不同的意見，達成最好的結果，而不是所有人的意見都一樣。

君子要有獨立的思想與人格，同時也必須尊重別人的思想、人格。你可以不同意別人的意見，但你要尊重別人表達意見的權力。

西方有句名言：「我不同意你的觀點，但我誓死捍衛你說話的權利。」其實，這就是西方版的「君子和而不同」。

那小人為什麼追求同？原因主要有三點：一，為了好處而刻意逢迎、討好他人；二，沒有獨立思維，只會盲目追隨，在愚民教育下產生了很多這樣的人；三，有權力卻沒自信，強迫別人與自己相同，秦朝以後的專制統治者們皆是如此。

像原諒自己一樣原諒別人

要做到「君子和而不同」，最重要的就是包容。

為什麼春秋戰國是中國文化和思想的爆發期？因為那是一個包容的時代。在缺乏包容的社會裡，君子和而不同不可能存在。因為那些敢於不同的人，不僅會被統治者排擠，普羅大眾無法包容他們。

所以，要做到包容，首先要尊重別人表達意見的權利。這是最基本的。

孔子和晏嬰之間的故事，便很好的詮釋了什麼是「和而不同」：

孔子曾經北漂到齊國，見到了齊景公。齊景公很欣賞他，準備重用他。可是晏嬰堅決反對，他認為孔子的學說已經過時了，不適用於齊國。最終，齊景公聽從了晏嬰的意見，而孔子便失去了一個非常好的機會。

若是別人，一定會非常痛恨晏嬰，到處說他的壞話。但是孔子知道晏嬰這個人正直且直爽，他的建議並非針對自己，只是見解不同而已。所以，孔子不僅從來不說晏嬰的壞話，還讚揚他，並且說自己把晏嬰當成兄長。

在人際關係中，孔子認為包容是非常重要的。

孔子的弟子子張是個固執又鑽牛角尖的人，總是盯著別人的缺點不放，喜歡探究別人的隱私、做事的動機。總之就是四個字：道德潔癖。

有次，子張問孔子要怎麼才能與人相處得好。孔子就告訴他：「不要糾纏往事，也不要刨根問底的打聽別人的隱私和動機。」

> 子張問善人之道。子曰：「不踐跡，亦不入於室。」
> （出自《論語．先進篇》）

什麼是踐跡？跡，就是過去發生的事、說過的話，踐跡指追究過去的事。這裡的意思，是抓住他人的過失或言論不放。

古人家裡有堂、室，堂就是現在的客廳，用來接待客人，室就是臥室。客人來了，只能在堂裡交談，而不能進入室。因為室是隱私的地方，外人不可以進去。所以，入室就是指打探他人隱私、猜測他人動機。

這就是包容的第二層含義了。除了尊重別人的表達自由之外，也不要糾結於別人過去犯的錯，不要窺探隱私和猜測動機。

現實生活中，總有一些人喜歡談論別人的陳穀子爛芝麻（按：瑣碎陳腐的閒話），就是所謂的「哪壺不開提哪壺」；有些人就是喜歡探究隱私，講別人的八卦；有些人就是喜歡去猜測別人的動機、質疑別人的目的。這些，都是壞毛病。

所以，要懂得包容。唯有如此，才能在與人交往中不讓人討厭。

有的人，平時什麼也不做，卻盯著那些在做事的人，一旦抓住一點失誤，就喋喋不休、借題發揮；一旦別人做得好，他就開始質疑別人的動機。

所以有句很無奈的話：做得越多，錯得越多。

像子張這樣的人其實很多，遇到事情總在道德面上指指點點，因此看誰都不順眼，也誰都看他不順眼。

如果你就是這樣的人，要怎麼改正？要像原諒自己一樣原諒別人、像要求別人一樣要求自己。做到這兩點，基本上就改掉了一半。另一半怎麼改？你對什麼不滿，就自己實際去試試看。

孔子也推崇肯定式教育

互鄉這個地方的人，平時喜歡抬槓（按：借著機伶巧詐的嘴上功夫指責別人，而同時也閃避別人指責），蠻橫不講理，很難溝通。有天，有個來自互鄉的孩子，說想跟孔子學習。弟子們都不願接受，可是孔子決定見他，弟子們都有點疑惑。

「他來見我，正說明他想要進步。一個人想進步時，我們就該推動他。他現在想學好，我們就不要糾纏於他過去的不好。」孔子這樣對大家解釋。

互鄉難與言，童子見，門人惑。子曰：「與其進也，不與其退也，唯何甚！人潔己以進，與其潔也，不保其往也。」

（出自《論語．述而篇》）

這就是孔子所說的不踐跡。

當一個人進步時，如果旁人表現出包容的態度、鼓勵他，就會加強他改正錯誤與追求進步的決心、信心。反之，如果他人仍揪著過去的錯誤不放，拒絕他、打擊他，他很可能就退回原點了。

這，大概就是肯定式教育的理論基礎吧？東方和西方教育有個很大的區別，那就是東方教育傾向批評式教育、西方教育擅長肯定式教育。當然，很難說哪種模式完全對、哪個就一無是處。但肯定式教育確實有它的優點。

比如，有個孩子參加比賽，在十位參賽者中他得了第五名。有些東方家長就會很不高興，認為孩子還是不夠努力，所以才沒辦法得第一。甚至還會拿別人家的孩子來比較。但西方家長就會很高興，認為孩子已經盡力，而且有進步，快樂就好。

兩種教育之下，很難說下次比賽哪個孩子會進步、哪個會退步。但可以肯定的是，肯定式教育下長大的孩子會更快樂，且更有信心與創造力，因為他不需要擔心父母的責備，也不必擔心失誤或者犯錯。

其實何止是孩子？在職場上也是如此。比如你是剛入職的新職員，心裡忐忑不安，不知道自己能不能勝任這份工作。如果主管和同事們總是鼓勵、肯定你，或總是批評你，你覺得哪種會讓自己進步更快？

如果今天這個人是壞人？某天他突然做了件好事，這時大家是諷刺他？還是讚揚他？當然要讚揚、鼓勵，壞人也是需要肯定的。當他得到讚揚時，他就會願意做更多好事。直到某天，好事做得夠多時，他可能就不再是壞人了。

所以孔子說，對人不要責備。要包容他的過去、肯定他的進步。當一個人向正確的方向邁出第一步時，要在身後推他，而不是拉他。這時，也不要去猜測他的動機。**動機不重要，他做什麼才重要。**

包容和守規矩一樣，是社會性問題

包容的反面是什麼？是斤斤計較，是睚眥必報。

我們常常能看到兩個人吵起來甚至打起來，起因往往微不足道，像是走路時不小心踩到別人的腳。包容的人，笑一笑過去了；斤斤計較的人，就會不依不饒，最終把小事弄成大事。

有的人朋友多，為什麼？全是因為包容。每個人都有自己的缺點，如果抓著別人的過去不放，就不會有朋友。就像孔子說的，**交朋友就要包容別人的缺點，這樣才能長久。**

前面提到，夫妻關係的頭號敵人是抱怨，抱怨就是因為不懂得包容。所以，維持良好夫妻關係的訣竅就是包容。對孩子更要包容，因為孩子都有成長的過程。

包容並不會吃虧，並且常常會帶來意料之外的回報。春秋時期，有位將軍在酒後調戲了楚莊王的愛妾，楚莊王包容、原諒了他。結果後來，在與晉國的戰鬥中，這個將軍救了楚莊王一命。

在生活中，包容的性格能讓你獲得更多的朋友和善意。而狹隘刻薄的性格也會帶來意想之外的懲罰。比如去餐廳吃飯，對於服務生的過錯，有的人會故意刁難，但別忘了，餐點都是服務生端上來的，你並無法確定在端菜的過程中他是否做了什麼。

作家楊絳有句話我很喜歡：「心小了，什麼事都是大事。心大了，什麼事都是小事。」一個人不懂得包容，沒有朋友，妻離子散；一個老闆不懂得包容，人才、客戶離去，最終破產；一個社會不懂得包容，自己不喜歡的就禁止，自己不懂的就廢棄，那這個社會遲早會出問題。

包容與守規則一樣，也是社會性的問題。如果僅有你包容，而別人都不包容，往往會顯得你很懦弱。我有位老師從德國回來，他的兒子非常高大，也回來讀書。一開始，有同學欺負他，他選擇包容。結果卻有更多人開始欺負他，認為他懦弱、好欺負。最終，忍無可忍的他打了其中一人，於是再也沒人敢欺負他了。可是，一個曾經包容的孩子變得不包容了。

所以，要讓人們學會包容，還是得從教育著手，從社會層面開始。

第三部

尊重人性，不要挑戰人性

第二十一章

以直報怨，還是以德報怨？

有一個話題很有爭議性，那就是寬恕。

按照道家的說法，叫做以德報怨；按照佛家的說法，叫做捨身飼虎；按照基督教的說法，叫做愛你的敵人。但孔子不這麼說，也不這麼做。所以，孔子的學說不是宗教。宗教是站在神的立場說話，孔子是站在人的立場說話。

先來看看孔子是怎麼說的：

或曰：「以德報怨，何如？」子曰：「何以報德？以直報怨，以德報德。」

（出自《論語‧憲問篇》）

這段話翻譯成白話文是這樣的：

有人說：「用恩德來回報怨怎麼樣？」孔子說：「那麼用什麼來回報恩德？應該是以對等的態度來回報怨，用恩德來報答恩德。」

要理解這段話，首先要弄清楚恨、仇、怨的區別。

恨是一種情感，出自內心，兩人之間未必有什麼過節或傷害。比如，隔壁鄰居非常有錢，但我很窮，所以我恨他，這就是人們常說的羨慕、嫉妒、恨。

仇是一種客觀的存在、傷害，一定有過節，與主觀沒什麼關係。像是殺父之仇、奪妻之仇等，就不會說成殺父之恨。

怨，更多的是感情上、自尊上的傷害，而不是身體或物質上的。並且，這種怨很多時候是無意中造成的。怨和恨有相似之處，都存在於內心，但就程度上來說，恨比怨強烈得多。

有仇報仇，這一點沒什麼好說的。比如，子路的兒子要去報殺父之仇，孔子就很支持。但不能說有恨報恨，只能說雪恨。仇和恨的一大區別是仇往往可以計量，恨卻不能。報仇是有限度的，可是雪恨可能沒有限度，所以人們才動不動說恨死誰了。

相比較，怨就沒那麼嚴重。

例如，你在背後說我壞話，但當你有困難時，我卻幫助你，這就是以德報怨。典型例子是廉頗和藺相如，廉頗數次羞辱藺相如，藺相如卻始終忍讓他。

但孔子卻不主張以德報怨，理由是：你對我不好，我卻對你好。那別人對我好，我該怎麼對他？換言之，你對我不好，我還對你好，這不是鼓勵別人對我不好嗎？

所以孔子說，你怎麼樣對待我，我就怎麼樣對待你。當然，要注意的是，這裡的對待不是手段，而是態度，這就是以直報怨。但孔子不是強調包容嗎？為什麼還要以直報怨？其實，兩者並不矛盾。

孔子所強調的包容，是對缺點、不足甚至對錯誤的包容。孔子的以直報怨，是針對態度的回擊。換言之，如果我包容你的不足、錯誤，你會敬重我；如果你羞辱、汙衊我，而我還包容或不做出反應，你就會進一步的攻擊我，他人也會認為你說的是對的。所以，我必須反擊。

這就是我們常說的：打得一拳開，免得百拳來。

所以，孔子所說的以直報怨是很現實、很世俗的想法。孔子的說法一點也不高尚，但是很實際。

將相和是特例，以直報怨才是常態

有些人可能會說，如果藺相如按照孔子的話去做，歷史上就沒有將相和了。沒錯，但大家有想過嗎？將相和的故事裡，藺相如固然高尚，但廉頗也是。畢竟，誰能夠像他一樣負荊請罪？

兩個高尚的人在一起，才有了將相和，在歷史上有幾例？所以，將相和只是特例，孔子所說的以直報怨才是普遍的道理。

再來看看孔子是怎麼做的：

> 孺悲欲見孔子，孔子辭以疾。將命者出戶，取瑟而歌，使之聞之。
> （出自《論語・陽貨篇》）

意思是：孺悲想見孔子，孔子以有病為由推辭不見。傳話的人剛出門，孔子便取來瑟邊彈邊唱，有意讓孺悲聽到。

這段話看起來沒頭沒尾，實際上則有一段故事：

不久前，孔子去拜會魯哀公，魯哀公當時正準備和後宮美女開宴會，沒心情見老頭子。於是派近臣孺悲出來告訴孔子，說主公身體微恙，請他改日再來。結果，孔子才正要離去，宮裡就傳出了歌舞的聲音，說明魯哀公根本沒有生病。孔子非常生氣，自尊心很受打擊。

這次，魯哀公派孺悲來請教事情。孔子一看，你們上次不是糊弄我嗎？這次我以直報怨，用同樣的做法回敬你。於是，就發生了這段故事。

這段故事中，孔子要報的怨並不是財物或身體上的，而是自尊。上次，你們傷了我的自尊，這次換我傷你們的自尊。

對於孔子的做法，你可以說他心胸狹窄，也可以說他不畏權貴，也可以說他玻璃心。但孔子不是很講求包容、寬恕的人嗎？為什麼要這樣做？上一章提到互鄉的故事，為什麼孔子可以包容互鄉，卻不寬恕孺悲和魯哀公？

因為互鄉的童子是在改變自己，是朝正確的方向邁出第一步，所以孔子要推他一把，幫助他與過去切割。也就是說，孔子寬恕的是他的過去，肯定他的現在。可是孺悲和魯哀公不一樣，他們並沒有改正的跡象，為什麼要寬恕他們？孔子如果寬恕他們，只會讓他們得寸進尺，更加不把孔子放在眼裡。

所以，**包容和寬恕是有條件的**。如果包容能幫助一個人向善轉變，就要包容他；如果寬恕只能縱容、鼓勵人往壞的方向走下去，就不要寬恕。

幾年前，在德國發生一起大案，一位難民強姦並且殘忍殺害了一名十九歲的少女，她的父親是歐盟資深官員，父女倆都相當關注難民議題。而令世人吃驚的是，少女的家屬並沒有要求嚴懲凶手，反而懇請大家寬恕他，從輕判處。

這大概是想實踐「愛你的敵人」，可是他們忘了，如果人性惡的一面不能得到懲處，這種惡就會發酵。這樣的人多被稱為道德婊或聖母婊，他們是非不分，對罪惡無條件寬恕。於是，歐洲變得像今天這樣治安敗壞。

同樣的，美國加州的民主黨政府通過法案，將一千美元以下（按：約新臺幣三萬兩千四百九十元）的搶劫不視為搶劫，對這種小額搶劫犯實行寬恕。結果導致著名的零元購（按：因偷竊金額過小，不會被逮捕，可不花錢得到商品的現象，為網路諷刺用語）盛行，摧毀了一個個原本繁華的城市。

所以，寬恕是要有原則的，**「愛你的敵人」的最好方式不是寬恕，而是懲罰。**

寬恕，是最危險的美德

寬恕也需要資格，就像謙虛需要資格一樣。比如你奪得冠軍，你稱讚對手實力堅強，自己是運氣好，這叫謙虛；但如果你得了最後一名，你說自己不行，這就不是謙虛了，因為你確實不行。所以，冠軍才能謙虛，最後一名根本沒有資格。

寬恕也一樣，寬恕歷來都是上對下、強者對弱者的。弱者根本談不上寬恕，只有屈服或者反抗。就像你和巨人交談，當巨人彎下腰來和你說話，你會說他很親切；當你和小矮人說話時，他也彎下腰來，你會覺得他是個蠢貨。

寬恕，聽起來很美好、高尚，確實生活中也有很多人、事值得寬恕。但濫用寬恕就會成為道德婊，百害而無一利。

寬恕罪惡等於縱容，是對受害者的進一步傷害，也會把更多人推向犯罪的邊緣。對於欺騙和蔑視不能寬恕，因為這時寬恕等同於愚蠢和軟弱，只會招致更多的欺騙和更大的蔑視。對於沒有悔意和反省的錯誤不能寬恕，因為這等於鼓勵他犯錯。

對於比自己強大的力量不必考慮寬恕，因為你沒有資格，且對方也不在意你是否寬恕。這就像假如美國職業拳擊手麥克・泰森（Mike Tyson）打了你一拳，你寬恕他、不回擊。實際上，你是否寬恕他、是否給他一拳，對他來說毫無意義。這時你應該考慮的，是如何避免他的下一拳。

所以，寬恕是一個美德嗎？如果是，這一定是最危險的美德。

回到現代社會，人的社會關係和社交程度大大超過以往，如果不能正確的對待寬恕，就可能在生活和工作中左支右絀。

要怎麼避免自己成為一個沒有原則的道德婊，或者一個睚眥必報的促狹鬼（按：刁鑽刻薄、喜歡惡作劇的人）？怎麼避免自己整天為了以直報怨，還是以德報怨而耽誤時間？

世間本無事，庸人自擾之

首先，你要了解自己有多大的資格可以決定怎麼報怨。如果你只是個普通人，在大多數情況下，你根本沒有資格寬恕誰。比如老闆訓斥你，你需要考慮自己是否寬恕他嗎？收到交通罰單，你要考慮是否寬恕警察嗎？所以，這部分的煩惱就省省吧！接受命運就好，最好是一笑置之，否則就是自尋煩惱。

其次，你要正確定義這個怨，將怨控制在低水準，也就是將自己以直報怨還是以德報怨的煩惱控制在低水準。有的人會像個怨婦一樣，從早到晚抱怨個不停，這種人必然陷於煩惱之中。

通常，越無聊、越無知的人怨就越多。那些在網路上懟天懟地的槓精們（按：懟是用言語攻擊、反擊的意思，中國網路用語。槓精就是透過抬槓獲取快感的人），多半是無知又無所事事的人。

這就是我們常說的「世間本無事，庸人自擾之」。世上原本沒有那麼多怨，當你心中充滿怨時，不是世界對不起你，而是你對不起世界。

再其次，孔子所說的以直報怨，其實也只是報怨的一個合理選項而已，不必執著。並不是說誰羞辱過我或蔑視過我，就一定要報復。孺悲的案例中，孔子也是恰好遇上機會，順勢而為而已。如果沒有機會，孔子也不會無聊到登門報怨。

以德報怨同樣也是報怨的一個合理選項，用寬恕去感化對方或者化解尷尬，同樣也是沒有問題的，這樣的例子也是很多的。

事實上，現代社會人們普遍節奏快壓力大，再加上教育的不足，因此很多情況下都是無心之失，完全可以理解和原諒。而強勢的一方往往更適合以德報怨。所以，當你足夠強大時，你甚至可以忽略掉怎麼報怨這個問題。

最後要說的是，千萬要弄清楚怨和仇、恨的不同。

孔子所說的以直報怨中的「直」，也包含了程度上相當的意思。也就是說，不要把「怨」升級，也不要把怨「無限延伸」，要適可而止。

其實，後來魯哀公又再次派孺悲去孔子那裡學習。但這一次，孔子就熱情接待了他，並且向他傳授知識。為什麼？因為怨不是仇，也不是恨，沒有必要一直追究下去，能化解就化解。

春秋時期有過一件事：鄭國的公子宋有天食指跳了兩下，他就說今天一定有好吃的。結果，到了鄭靈公那裡，他恰好燉了一鍋王八湯要給大家喝，公子宋就得意的說自己有感應。鄭靈公跟他開玩笑，故意不分給他，公子宋卻當了真，認為這是故意羞辱，便生氣的走了。

按理說，由玩笑引發的誤會，最多就是怨的程度了，可是公子宋把它當成了仇。後來竟殺了鄭靈公，而自己也被趕出了鄭國。

現實生活中類似事例時有發生，一點小小的怨往往經過雙方發酵後，演化成了身體上的傷害，甚至成了刑事案件。

比如，前段時間流行的東北話「你瞅啥？」就因為別人多看了你一眼，就演變成了鬥毆打架，這不是吃飽撐著沒事做嗎？所以，如何讓怨不升級，這是以直報怨需要面對的問題。

第二十二章

助人者自助

人類互動並非都是等價交換，有時候有的人會無償為他人做事，通常這就叫助人。即使是最自私的人，也會有幫助別人的時候。

在孔子看來，助人是一種美德，是君子的行為。

子曰：「君子成人之美，不成人之惡。」（出自《論語・顏淵篇》）

意思是，君子成全別人的好事，而不破壞別人的事。成人之美，就是幫助人。所以，助人為樂在春秋戰國時期，孔子就在提倡了。

孔子很喜歡助人，從他當大司寇（按：僅次宰相的高級大臣，為六卿之一，掌管刑獄、糾察等事）到後來周遊列國回到魯國後，俸祿都相當高。而家裡多餘的糧食，孔子都會拿出來分給左鄰右舍和親戚。

孔子曾說：「老吾老以及人之老，幼吾幼以及人之幼。」

也就是說，家裡的長輩得到贍養之後，如果還有餘力，就去幫助別人家的老人。自己的孩子養好之後，如果還有餘力，就去幫助別人的孩子。

所以，孔子助人有一個條件，或者說有一個順序，那就是自己的家人、朋友鄰里、其他人。自家人還吃不飽的情況下，孔子不會把糧食給別人。

聽起來不高尚是吧？可是這符合人性。**凡是不符合人性的，都是不會長久的。**

大家都得到好處，好過單純的奉獻

孔子在修編《春秋》時，發現史料上有些空白，問魯國的史官這是怎麼回事。史官說，這是當時的史官有些事沒有弄明白，因此留下空白，讓後來的人補充。孔子聽了之後非常感慨，他說這就像有馬但沒有車，於是就把馬借給有車的人一樣。

> 子曰：「吾猶及史之闕文也，有馬者借人乘之。今亡矣夫！」
> （出自《論語・衛靈公篇》）

在孔子的時代，中國人還沒學會騎馬，馬的作用就是拉車。所以家裡只有馬、沒有車，基本上就沒用。

如果我有馬而沒有車，而隔壁鄰居有車、沒有馬，我就乾脆把馬借給他，這樣才能體現馬的價值。換言之，把自己的東西給了別人，自己沒什麼損失，別人卻得到了好處。

在孔子看來，這樣的幫助方式是最好的。可是孔子最後感嘆，說現在的人們已經不這麼做了。為什麼孔子贊同這樣的做法？

首先，這不損害自己的利益。其次，這幫助了鄰居，增進了和鄰居的友好關係，一旦自己需要用馬車，也可以從鄰居那裡借。

所以，幫助別人，同時也等於幫助自己。這樣的助人就創造了價值，大家都有好處，遠比單純的奉獻更有意義。

有個故事是這樣的：有些魯國人在戰爭中成了外國俘虜，於是魯國規定，能把這些俘虜贖回來的人，每贖回一人就可以得到三十金的獎勵，這錢由俘虜的家人來出。後來，子貢贖了一個人回來，家屬給他三十金的報酬，子貢卻拒絕了。

孔子當時批評了子貢。孔子說：「你這樣做聽起來似乎很高尚，可是你開了這麼一個不收錢的先例，今後還會有人去國外贖人嗎？所以你看似很高尚、救了一個人，實際上你害了更多的人。」

孔子在這裡就說明了一個道理：大家都有好處的事情，才會持久。各經濟體之間也是如此，但凡那種無償援助的，往往不能持久，且會成為仇人。相反，那種互利合作的，才能長久下去。

心靈得到滿足，也是助人的好處

孔子周遊列國回到魯國後，就開始專心教學和編寫《詩經》、《春秋》等，對於功名富貴已經沒有興趣。平時那些拋頭露面的事，也都給弟子們去做，自己就專心做幕後的事情。

於是有人就感慨，說孔子真是了不起，自己這麼博學，卻不爭名奪利。

聽說了這些話，孔子對自己的弟子們說：「這就像駕駛戰車，我是當御者，還是當射手好？當然是御者。」

達巷黨人曰：「大哉孔子！博學而無所成名。」子聞之，謂門弟子曰：「吾何執？執御乎？執射乎？吾執御矣。」

（出自《論語．子罕篇》）

春秋時期打仗用戰車，一輛戰車上配三個人，一個是御者，也就是駕車的。一個是車右，是個勇士，手持長戟，負責近戰。還有一個叫射，負責射箭，進行遠端攻擊。一場戰鬥下來，揚名立萬的通常是射手和車右，御者基本上沒人過問。這就像足球比賽，出風頭的永遠是前鋒，後衛只能默默奉獻。

但其實，技術含量最高的就是御者，戰車進攻時、撤退時怎麼走位，什麼時候加速、減速，如何平穩行駛、避免撞車、給射手最好的角度等，都是學問。

所以孔子的意思就是，我全力為你們服務，你們去出人頭地吧！這也是一種助人的模式，這種模式就是我願意多出力、少得好處，幫助你們得到最大的利益。

這種助人方式有個最大的特點，就是注重精神或感情上的滿足。

比如孔子，儘管自己很低調，但看到弟子們的成長進步，在心理上很滿足。這也是非常好的助人方式，提供幫助的一方也會得到滿足。

這兩種助人方式，可以統稱為雙贏式助人。雙贏式助人的最大好處是具有可持續性，那種捨己為人的助人方式雖然高尚，可是並不符合基本的人性，偶爾做一次沒問題，長久去做則不可能。

這，也是孔子特別強調這兩種助人方式的原因了。

中國歷史上有個人名叫墨子，墨子有自己的學派叫做墨家。墨家主張兼愛，也就是沒有區別的愛所有人，而且是捨己愛人。明明自己過著像乞丐一樣的生活，卻要幫助別人。實際上，墨家的主張有點類似基督教，基督教提倡博愛，也主張捨己愛人。

兩者的區別就在於基督教多了一個上帝，上帝可以讓你死後進入天堂。這是一個致命的區別，因為人們為了上天堂，活著的時候願意捨己愛人，畢竟人死後的時間比活著的時間長，這樣看來性價比還是很不錯。

可是墨家就不一樣了。不只死後進不了天堂，活著還要受罪，誰會願意？所以過沒多久，墨家就消亡了。

孔子的助人理念跟他們不同，總結起來就是兩句。**一，助人有先後順序；二，助**

人者自助。聽起來似乎不夠高尚，但這符合人性。所以這才可持續。

其實，基督教的博愛本質上也是助人者自助，幫助別人是為了自己死後進入天堂。任何的宗教不都是這樣嗎？如果沒有死後的良好待遇，人們還會這樣做嗎？

回到現實生活中，還是孔子的原則更接地氣一些。

首先是助人有先後，親人朋友同學等肯定在優先之列，其次才惠及他人。自己有餘力才去助人，否則要麼是別有用心，要麼是打腫臉充胖子。

對於助人有先後這一點，需要特別補充：按照親疏遠近的幫助，應當是基於救濟的範疇，也就是適用於基本的生活要素。比如食物、衣物等。

但更高級的助人，則取決於品質和能力。

假如你有個親戚的孩子，整天好吃懶做、不懂得感恩，是個家族的寄生蟲。而你鄰居的孩子好學上進、品行端莊。如果一定要幫助一個人上大學，你要幫助誰？當然是後者。因為前者除了浪費你的錢之外，還會讓你丟臉，後者才可能回報你。

所以，自助者天助之，既然天都要幫助他，我為什麼不幫助他？

不要因為騙子而改變價值觀

幫助別人，又能為自己帶來好處的，是最好的助人方式。像是一些明星、企業家捐助希望工程（按：中國社會公益事業，旨在救助貧困失學兒童），雖然花了錢，但是能提升名聲又能抵稅，當然值得做。

北京有位足球員高雷雷，長期以來默默資助四川偏遠山區的孩子，他圖什麼？什麼也不圖，這樣的人當然是值得敬佩的。後來我們知道，他是個有精神層面追求的人，於是有了合理的解釋。

助人者自助，這其實應該是每個人的助人原則。

有人會說，照你這樣說，得不到回報的助人就不用做嗎？當然不是。

首先，你如何定義回報？假設你幫助隔壁鄰居整理花園，得到的回報就是鄰里關係的親密，今後兩家就可以互相幫助了。在路上幫忙不認識的阿姨提行李，得到的回報就是心靈上的優越感。如果你認為這些都不是回報，那你當然不會幫助他們。

其次，做人基本的憐憫慈悲之心還是要有。比如，路人突然暈倒在地，你當然應該幫助他，這與回報沒有任何關係。當一條狗暈倒時，旁邊的狗都會伸出援手，更何況是人？

當然，有時會遇到碰瓷（按：指趁機敲詐、勒索他人的行為），導致現在人們都不太敢主動扶老人了。這說明一個問題：助人也有風險。那麼，因為有風險，我們就要拒絕助人嗎？

孔子不這麼認為，孔子認為君子會有足夠的智慧應對碰瓷的人。因此，孔子說：「不預先懷疑別人欺詐，也不臆測別人不誠實，然而能事先覺察欺詐和不誠實，這就是賢人了。」孔子也說：「你可以欺騙君子，但君子不會被你迷惑。」

原文是這樣的——

子曰：「不逆詐，不億不信。抑亦先覺者，是賢乎！」

（出自《論語·憲問篇》）

子曰：「君子可逝也，不可陷也；可欺也，不可罔也。」

（出自《論語·雍也篇》）

孔子的意思是，我們不能因為這些騙子就改變我們的價值觀。

美國的九一一襲擊事件後，有人建議美國應改變自己的自由旅行政策。當時的總統小布希（Bush Junior）就斷然拒絕，理由是：「我們不應該因為這些恐怖分子，就改變自己的生活方式。」

雖然如此，《伊索寓言》中〈農夫與蛇〉（*The Farmer and the Viper*）的故事，和明朝作家馬中錫《中山狼傳》的教訓還是要記取，在助人的同時要保護好自己（按：講述對有害的東西憐憫，因而自取滅亡的兩則故事）。

說到助人，就不能不提到廣東的一句俗話：升米恩，斗米仇。

曾有位中國女演員長期資助一個貧困學生，結果學生不斷提出過分要求，不滿足就在網路上造謠、詆毀。這樣的事情實在太多了，不僅發生在個人之間，也發生在國家之間。

為什麼會這樣？其實原因很簡單，這就是因為違背了孔子的助人原則。

一升米是用來救急的，出於憐憫慈悲。可是，一斗米就不是了，一斗米可以吃很長時間。

對於受助者來說，一升米有辦法償還，一斗米就很難了。從心理上講，受助者會有壓力，他會感覺在你面前抬不起頭。於是，他就會想你為什麼對他這樣好？想來想去，就覺得你一定另有所圖。

這就像那個懷疑鄰居偷了他家斧頭的故事一樣（按：出自《呂氏春秋》。一位遺失斧頭的人，懷疑鄰居偷了他的斧頭，此後不管鄰居做什麼，在他眼裡看來都像小偷），一旦有了這個想法，他很快就確認你圖謀不軌。隨後，他還回憶起從前你怎樣對他不好。最終，他決定仇恨你，這樣既能消除他對你的虧欠感，還能借此拒絕回報你的一斗米。

相反，如果你按照孔子的原則來幫助他，給他一斗米的同時，要他幫你加修院牆。這樣，他心理上沒有虧欠感，也就不用挖空心思去懷疑你的動機了。

為什麼高尚的行為，往往得到醜惡的回報，就是因為忽略了人性。別的事不也是同樣的道理嗎？

第二十三章

知足、知取捨、知進退

孔子去周朝首都洛邑參觀時，在太廟見到一個叫做「宥坐之器」的容器。它的特點，就是盛滿了水會倒、水太少會傾斜，只有水的高度恰當時，才立得正。

對此孔子深有感慨，並說了段非常有哲理的話：「高而能下，滿而能虛，富而能儉，貴而能卑，智而能愚，勇而能怯，辯而能訥，博而能淺，明而能暗；是謂損而不極，能習此道，惟至德者及之。易曰：『不損而益之，故損；自損而終，故益。』」

意思是：「地位高的，要謙恭；事事圓滿的，要謙虛；富有的，要節儉；出身尊貴的，要平等待人；聰明的，要能吃虧；勇敢的，要保持畏懼；口才好的，要敢於認錯；博學的，不要賣弄高深；能看透世象的，要讓自己糊塗一些。

「這樣的做法，就是減損自己，避免太滿。能做到這一點的，都是最有德的人。所以，《周易》裡說：將要滿的時候不自己減損反而增加的，最終一定會受損；將要滿的時候懂得自損的，結果一定會很好。」

這段話，廣納了前面許多章節的道理。不過核心意思就三個字：知取捨。

我們一向只被教導要有進取心，要不斷進步。但人生不是趕火車，是自助旅遊。累了，要歇一歇；錯過了風景，得回頭尋找。想看東邊的風光，就要捨棄西邊的景色。人生不斷面臨選擇、取捨。只取不捨，你會錯過許多風景，什麼也得不到。

君子三大品格

孔子在衛國待了很多年，有很多朋友，很多人令孔子敬佩。

公子荊是孔子的朋友，雖然貴為公子，公子荊一點也不貪。剛開始有點財產時，他就很高興的說：「夠用了。」財產多一些時，就說：「差不多了。」；富足時，就說：「哇！我已經很滿足了。」

子謂衛公子荊，「善居室。始有，曰：『苟合矣。』少有，曰：『苟完矣。』富有，曰：『苟美矣。』」

（出自《論語．子路篇》）

公子荊這樣的人，就叫做知足。知足者常樂，還不會引禍上身。

孔子還有個朋友叫公叔文子，是國君的弟弟，人人都喜歡他。孔子很好奇，有次問公明賈，公明賈就跟他解釋：「公叔文子都在恰當的時機開口，因此人們喜歡他的話；真正高興時才笑，因此人們感受到他的真誠；不義之財不取，因此他發財時人們也不會嫉妒。」

> 子問公叔文子於公明賈曰：「信乎夫子不言、不笑、不取乎？」公明賈對曰：「以告者過也。夫子時然後言，人不厭其言；樂然後笑，人不厭其笑；義然後取，人不厭其取。」子曰：「其然，豈其然乎？」
>
> （出自《論語．憲問篇》）

公叔文子這樣的人，就叫做知取捨。該取的取，不該取的就捨棄。因此，即便他富有，人們也不嫉妒他。

孔子在衛國最好的朋友是蘧伯玉，這兩人可說是亦師亦友，孔子在衛國期間就住在他的家裡，孔子尊稱他為夫子。當衛國政治清明時，蘧伯玉就出來做官。當衛國政壇混亂的時候，蘧伯玉就辭職回家。

> 子曰：「直哉史魚！邦有道，如矢；邦無道，如矢。君子哉蘧伯玉！邦有道，則仕；邦無道，則可卷而懷之。」
>
> （出自《論語．衛靈公篇》）

蘧伯玉這樣的人，就叫做知進退。能為國家做事的時候就出來做事，感覺到危險的時候，就回到家裡自求多福。

知足，知取捨，知進退。孔子認為，這是君子必須有的品格。孔子的一生，其實都在進退取捨之間做選擇。每個人的一生，其實也都在進退取捨之間做選擇。

我讀過一本叫做《股票作手回憶錄》（*Reminiscences of a Stock Operator*）的書，據說是職業炒股人的必備之書。內容寫的是著名華爾街大亨傑西．李佛摩（Jesse Livermore）的生平事跡。諷刺的是，李佛摩最終因為炒股帶來的巨額虧損而自殺。

有句話叫做「十賭九輸」，事實上除了莊家之外，基本上九九％的賭徒都以傾家蕩產收尾。為什麼？因為賭徒不懂得知足。虧了，還想賺回來；賺了，還想賺更多。所以，知足並不容易，知足是一種境界。

但知足不等於躺平。有人說，如果人人都知足，世界怎麼發展？我的生活狀況很不理想，我憑什麼知足？這話沒錯。知足的前提，是生活水準在平均線以上，或是已達能力上限。所以，知足對公子荊這樣的人是美德，對普羅百姓來說未必。

捨不為了得，只為保全

這是一個講求進取的時代，每個人都在奮鬥。俗話說：「光腳的不怕穿鞋的。」很奇怪，為什麼不說「光手的不怕戴手套的」？不管怎樣，光腳當然要進取，不過要先穿上鞋。

但在進取的過程中，或者在穿上鞋後，你會面臨取捨的問題。有的東西不能取，有的還必須捨棄。不義之財、違法所得不能取，不屬於自己的不能取。當然，這些都是大道理，這裡就不再多說了。

《易經》裡說，厚德載物。有多厚的德，才能載動多重的物。德不是品德，而是相應的能力。所以，德就是判斷取捨的條件。

有些土豪很有錢，死後把財產都留給了兒子。但兒子是個敗家子，沒幾天花光了錢，只能上街乞討，這就是兒子的德不夠厚，錢越多越害他；也有些運動員，打球時很有錢，退役後沒多久就敗得精光。這樣，還不如從一開始就做個藍領工人。

假如你家徒四壁、身材五短，卻有機會可以娶個貌美如花的老婆，你敢嗎？武大郎的教訓還不夠深刻嗎？或是假設你是個小小的承包商，卻有機會拿下一個上億元的巨大工程，你敢嗎？所以，當德不夠厚時，你只能捨。

不能取的不要取，有時候，取到的還得捨棄。有句古語叫做：將欲得之必先與之。佛語也說：捨得。意思一樣，就是說先捨後得。其實，境界更高、更實際的還是本章開頭提到的宥坐之器。**捨，不是為了得，而是為了保住剩下的部分。**

三國時期，孫策找魯肅借糧，魯肅二話不說，立刻把自己一半的糧食都送給了孫策。有人說魯肅真大方，但實際上如果他不大方，糧食恐怕全沒了。

高中數學老師說過，學數學時書會越學越厚，因為會有很多筆記。但學懂了之後，就可以扔掉這些筆記。最後，只需要記住幾個公式就行了。

追求財富同樣如此，一開始你的財富越來越多，直到你發現你的德載不住你的物，你的能力罩不住你的財富。怎麼辦？減少、捨棄部分的財富，保住其他部分。可惜的是，多數人並不明白這個道理，他們永遠不知道什麼時候該捨棄。

為什麼很多富人往往沒有好下場？這就是答案。春秋末期，有個有錢人叫范蠡，他就曾經數次把財產捐出去，所以說他才是個聰明人。

如果人們都夠理智，那麼武大郎和潘金蓮的故事應該是這樣的：西門慶委託王婆去找武大郎商量，只要武大郎同意離婚，將獲得巨額補償。於是，武大郎和潘金蓮離婚，潘金蓮和西門慶結婚，武大郎獲得巨額補償後，娶了南門的張寡婦為妻，王婆獲得高額的仲介費。之後，每個人都能幸福的生活下去了。

知進退同樣重要。俗話說得好，一朝天子一朝臣。商鞅是秦孝公的宰相，秦惠王繼位後，立刻殺了商鞅；張儀是秦惠王的宰相，秦武王登基後，張儀立刻辭職，逃去魏國；甘茂是秦武王的宰相，秦武王死後，他立刻逃去齊國。

該退的時候要果斷的退，不要等人家趕你，那就不好看了。

縱觀中國歷史，很多人之所以被殺，就是因為該退不退，擋了人家的路。所以人要知進退，只知道進而不懂得退的人，就像象棋裡的兵，地位最低且最容易陣亡。

其實，孔子還說過這樣一段話——

子曰：「賢者辟世，其次辟地，其次辟色，其次辟言。」（出自《論語・憲問篇》）

什麼意思？賢人逃避動盪的社會首選隱居，其次移民，兩點都做不到的就要避免給別人難看的臉色、避免用惡劣的語氣與人說話。有句話叫做「激流勇進」，聽起來很有氣勢。可是，**真正需要勇氣和智慧的是「急流勇退」**。

知道自己要什麼，才能取捨進退

知足、知取捨、知進退不是容易的事，因為這與人的慾望相抗衡。不要以為富豪們都是傻瓜，以他們的智商尚且做不到，其他人要做到怎麼會容易？

人生如畫，要懂得留白。

俗話說：「完美是一種罪惡。」所以當目標實現八成時，你就可以考慮剩下的兩成是否可以作為留白了。這時可以讓自己停下來思考、觀察，看看自己的德是否夠厚，以此決定自己是知足常樂，還是繼續進取，還是急流勇退。

要隨時提醒自己到底要什麼，這樣你才能決定取什麼、捨什麼。

曾子德高望重，魯國的國君很敬重他，常常來請教。有次，國君想讓曾子來做官，這樣就可以給他封地，讓他日子過得更好。可是曾子拒絕了，理由誠實且直接，他說：「我現在之所以敢對您說真話，是因為我無求於您。如果我接受了您的官職和封地，我今後跟您說話就會有顧忌。您是需要朋友，還是需要部屬？」

曾子明白，自己想要的是自由的思想和生活，因此他捨棄了官職和封地。

又或是有人很想去環遊世界，於是拚命打工賺錢。突然有天，他發現自己罹患了癌症，他才突然明白：「我的夢想是環遊世界，而不是打工賺錢啊！沒有錢就不能環遊世界了嗎？」於是，他騎著自行車開始了環球之旅。他捨棄的是舒適的旅行方式，獲得的是環遊世界的夢想。

很多人根本不知道自己想要什麼，這無疑是一種悲哀；也有很多人在取捨之間做出了錯誤的選擇，這也是一種悲哀。很多人在進退之間猶豫不決，這可能不只是悲哀，而是悲劇了。

因此，人都應該不定期問自己到底想要什麼，每個家長都應該問自己，希望自己的孩子過怎樣的生活。明白這些後，面對取捨進退的選擇題時，才能不痛苦的做出選擇，且不會後悔。

第二十四章

不要與大勢對抗

現代人喜歡講求命運，但其實命和運是兩個不同的概念。

按照一般的說法，命是先天的，不能改變；運是後天的，可以改變。所以，算命其實沒什麼意義，就算知道了自己的命，也改變不了；算運才有意義，因為可以想辦法扭轉。所以，算運勢的人比較多，會算你這個月的運勢如何，要怎麼改等。

當然，這類東西我們可以說是迷信。不過孔子學周易，所以就講命。但孔子講的命是天命，從不講人的命。**天命就是大勢，人要服從大勢所趨，不要逆勢而為。**孔子上課時很少談到利益，主要講的是天命，以及如何為人處世。

子罕言利，與命，與仁。

（出自《論語．子罕篇》）

首先，要明白天命的定義。周朝滅商時，周公說：「天命在周。」意思並不是周朝的命運早已註定，而是說上天賦予了周朝統治、管理天下的權力和責任。

孔子也說，當商紂王（按：商朝末任君主）成為商王時，就說明上天已經拋棄了商朝，並將天命賦予了周。這時，就是天命在周不在商。

所以，所謂天命，實際上就是不可逆轉的天下大勢。那天命是怎麼知道的？算命算出來的？或者上帝顯靈告訴你的？當然不是，天命是觀察分析出來的。

孔子說自己五十而知天命，那時候他還沒有開始研究《周易》呢！怎麼算？孔子這個時候知的天命是什麼？

在孔子四十九歲那年，周王室發生了王子朝之亂（按：周朝的王位爭奪之戰），魯國則發生了陽虎之亂（按：季孫氏家臣陽虎發動的叛亂）。這兩件事情疊加在一起，讓孔子意識到周的統治已經崩塌，天命已經不在周了。

所以，從五十歲開始，孔子知道周朝已經無法挽救。如果說，此前他的理想是希望恢復周朝王室的強大和秩序，那現在他對王室已經失去了信心，他的理想只是用周禮拯救天下，而新秩序由誰來建立並不重要。所以，此後孔子周遊列國，甚至去了他認為是蠻夷的楚國，唯獨沒有去洛邑見周王。

所以，人要認清大勢，順應大勢。至少，不要對抗大勢。有人說他不服天不服地，就要對抗大勢。那麼有一個成語送給他：螳臂當車，不自量力。

大勢無法改變，要順勢而為

認清大勢，就不會被小事件迷惑。比如，中國足球隊與阿根廷足球隊比賽，你絕對不會因為中國隊有一腳精采的射門，就認為中國會贏。

孔子在魯國擔任大司寇時，子路在季孫家擔任管家。一個叫公伯寮的人對孔子師徒不滿，到處說他們的壞話。這天，他又在季桓子面前說了子路的壞話，孔子的朋友子服景伯知道後就告訴孔子，並表明可以幫孔子收拾他。孔子就說：「魯國這個國家的命運，不是公伯寮可以決定的，為什麼要理會他？」

公伯寮愬子路於季孫。子服景伯以告，曰：「夫子固有惑志於公伯寮，吾力猶能肆諸市朝。」子曰：「道之將行也與？命也。道之將廢也與？命也。公伯寮其如命何！」

（出自《論語・憲問篇》）

孔子的意思是，大勢，不取決於小人物。實際上，大勢，也不取決於大人物。大勢一旦形成，誰也不能改變。

明朝會覆滅，崇禎來也沒有用；清朝將覆滅，戊戌變法就必定失敗。沒有人能扶大廈之將傾，也沒有人能挽狂瀾於既倒。

孔子認為，人如果不懂得正確理解語言，就無法與人交流。一個人如果不懂得周禮，就不能立身處世。一個人如果不懂得天命，就不是一個君子。

> 子曰：「不知命，無以為君子也。不知禮，無以立也。不知言，無以知人也。」
>
> （出自《論語．堯曰篇》）

但既然天命無法改變，為什麼不知道天命，就不能成為君子？重點在於：天命是用來順應、遵從的。用我們現在的話說，就是要順勢而為，而不是逆勢而為。

舉個簡單的例子，當商紂王成為商王後，商朝就已經被上天所拋棄，天命就已經到了周人那邊。作為一個商朝的人，這個時候是應該逆天命為商朝賣命，還是順從天命與周人合作？孔子給的答案非常明確：順應大勢，與周人合作。

孔子的祖先是微子，作為商紂王的哥哥，他主動投降了周。如果放在現在，他會被說成是「商奸」。但孔子認為他是聖人，他做得對。微子不僅選擇與周人合作，孔子作為商人的後代，他很堅定的認為周武王伐商是正確的，符合天命。

所以可以想像，如果孔子生活在商紂王的時代，他同樣會當商奸。微子順應大勢，其結果就是保住了商族。如果他沒有挺身而出，商族很可能就此消失了。

與天下大勢相比，什麼個人、民族、國家的榮辱和利益等都微不足道，抗拒天下大勢就等於螳臂當車，只能自取滅亡。所以，當文明征服野蠻時，順應天命是最明智的選擇，抗拒天命只會受到嘲笑。

而如果是野蠻征服文明，這個時候會有兩個選擇：一，忍辱負重，保全自己，等待機會；二，用生命換取尊嚴，明知不可為而為之，這將得到後世的尊崇。

在天命面前，孔子的選擇很有趣。孔子知道天命已不在周朝，所以他對周王室不抱希望。但同時他不甘心周禮被拋棄，他知道周禮是文明的體現，因此他用一生捍衛周禮，這就是明知不可為而為之。

還有一個例子，是三國時期的諸葛亮。他知道天命不在蜀，知道蜀國必定滅亡。可是為了報答劉備的知遇之恩，數次北伐，這都屬於明知不可為而為之。

懂得天命之後，該怎麼做？

> 子曰：「危邦不入，亂邦不居。天下有道則見，無道則隱。邦有道，貧且賤焉，恥也；邦無道，富且貴焉，恥也。」
>
> （出自《論語．泰伯篇》）

孔子說：「不進入政局不穩的國家，不居住在動亂的國家。天下有道就出來做官，天下無道就隱居不出。國家有道而自己貧賤，是恥辱；國家無道而自己富貴，也是恥辱。」所謂危邦、亂邦、天下有道、天下無道、邦有道、邦無道，都是對大勢研判的結果，透過自己的觀察、他人的介紹，得出結論。之後，順應大勢。

天下有道就出來做官，這時能發揮自己的能力，還安全。天下無道，就做個普通百姓。為什麼危邦亂邦都要躲避，天下無道就不躲？因為沒地方躲。

國家有道時，政策開明高效，實行法治，鼓勵人民致富。如果這時還不能發家致富，只能說明你沒有順應大勢，所以是種恥辱。相反，國家無道時，政治腐敗、民不聊生。這時沒有順應大勢、獨善己身，卻能發國難財，說明你一定是個無恥之徒。

那麼回到現實層面，天命跟我們有什麼關聯，又有什麼意義？天命的意義就在於，我們必須順應天命、天下大勢，不與大勢作對。

舉個例子，比如炒股。當經濟上行，外貿提升，百姓生活越來越好時，股市必然上漲。這時就可以入市，挑選好的股票下手了；但當經濟下行，外貿不振，百姓都不敢花錢時，股市一定下行，這個時候就要果斷抽身。千萬不要自以為眼光獨到或是有超高智商。所謂覆巢之下無完卵，泥沙俱下時，誰也無法獨善其身。

不只股市，房市及就業市場也是如此。天下的大勢要順應，行業的大勢也要順應。逆大勢而行，就是虎口奪食，火中取栗。

對於個人來說是如此，對於國家也未嘗不是如此。只有看清大勢，才能選擇正確的一邊。所以，有句話叫做「識時務者為俊傑」。

第二十五章

最難做到的孝道

中國的貴族文化形成比西方早得多，中國的貴族文化起於商周，而西方從中世紀才開始。對比之下可以發現，其實中西方貴族文化具有極高的相似度。

當然，在某些方面也有明顯的差異，比如西方一直實行一夫一妻制，而中國最早是一夫多妻制。還有，中國有孝文化，而西方沒有。

孔子非常重視孝道。他認為，孝是考察品行的首要條件。孔子說：「弟子們在家裡要孝敬父母，出門在外要敬重師長，言行要謹慎，要誠實可信，要廣泛的去愛眾人，親近仁人。這樣躬行實踐之後，如果還有餘力，就可以學習文化知識。」

> 子曰：「弟子入則孝，出則弟，謹而信，汎愛眾，而親仁。行有餘力，則以學文。」
>
> （出自《論語．學而篇》）

按照孔子的說法，如果你在家裡不孝，根本沒有資格來我這裡學習。

不過有意思的是，孔子四歲喪父、十六歲喪母，其實他根本沒機會孝敬父母，缺乏實際經驗。那麼孔子怎麼判斷一個人是否孝順？

很簡單，孔子作為周禮的捍衛者，周禮就是他的判斷標準。所以孔子說：「什麼是孝？孝就是不違背禮。父母活著時，要按禮侍奉他們；父母去世後，要按禮埋葬他們、祭祀他們。」

孟懿子問孝。子曰：「無違。」樊遲御，子告之曰：「孟孫問孝於我，我對曰，無違。」樊遲曰：「何謂也？」子曰：「生，事之以禮；死，葬之以禮，祭之以禮。」

（出自《論語．為政篇》）

周禮怎麼規定，現在已經不可考了。不過孝道作為中華民族的傳統美德流傳下來，多多少少我們還是知道一點。

不過到了現代社會，尤其是城市化後，子女和父母之間的關係與從前已經有了巨大的變化，此時再去說古代的孝道，似乎已不合時宜。確實，其中的很多內容都不適用於現代了。所以，我們必須從中找出對現代社會依然有意義的內容。

在兒女與父母的關係中，現在有一種普遍的現象叫做「啃老」。古時候是養兒防老，如今是「養兒啃老」。不過這也不完全是兒女的錯，甚至根本就不是兒女的錯。現在的年輕人大都是獨生子女，再加上生活成本的提升，就業也不容易，很多年輕人的收入根本養不活自己。絕大多數在城市買房的人都還需要雙方父母幫忙，才買得起。在這樣的情況下，能夠做到不啃老，還能替父母養老，就算是孝了。

不過孔子說：「只是給父母養老，這不算孝。如果僅僅是給父母提供飲食，那跟養寵物有什麼區別嗎？關鍵是對父母要尊敬，這才是孝。」

子曰：「今之孝者，是謂能養。至於犬馬，皆能有養；不敬，何以別乎？」

（出自《論語．為政篇》）

養，是物質上的；敬，才是出於內心，是精神上的。

隨著社會養老保障體系的建立，實際上如今城市中老人需要子女贍養的並不多，也就是說，父母對子女在物質上的要求很低。其實，他們需要的是關懷和問候。

以往人們都有很多兄弟姊妹，如今大都是獨生子女。如果子女離鄉背井，父母就會很寂寞，逢年過節時更是孤獨。而作為兒女，在城市裡生活也不容易，可能買不起房接父母過來同住，過年時也未必能回家鄉。

即使如此，平時打通電話、發個影片都是可以簡單達成的事，過年時就算無法回家，也可以寄一些年節禮物給父母。禮物未必很值錢，但能讓父母知道你掛念著他們。這很困難嗎？不，關鍵在於是否用心。

事實上，沒有孝文化的歐美國家，過年過節兒女同樣會回去看望父母，闔家團圓也是他們的傳統，回不去的也會透過電話進行問候。

成年後，如何與父母相處？

隨著父母年齡增長，孝敬父母的兒女內心充滿矛盾。一來為父母的長壽而高興，二來為父母的衰老而憂傷。所以這時就特別關心父母的身體，生怕有什麼疾病。

子曰：「父母之年，不可不知也。一則以喜，一則以懼。」

（出自《論語・里仁篇》）

子曰：「父母唯其疾之憂。」

（出自《論語・為政篇》）

孔子不知道的是，其實啃老的兒女也很擔心父母的身體。為什麼？因為父母有退休金，且生活較單純，一個月花不了多少錢，大部分的錢實際上都拿來「孝敬」兒女了。這種情況下，看在退休金的分上，這些孝子賢孫還是很擔心父母的。

要按照春秋時期孝子賢孫的標準要求現代人，肯定不實際。但中華民族的傳統美德也不能就這麼消失了。所以，還是得研究子女和父母之間的恰當關係。

先說說父母。如果你從小溺愛孩子，把他們培養成了啃老族，那沒辦法，只能自求多福了。中國人的傳統觀念是養兒防老，在這個觀念下，只要兒女擁有獨立生活的能力，父母就會立刻感覺自己老了、該享福了、兒女該還債了。這個觀念，在現代社會也不太合理了。

有些人，一過五十就說自己老了，就感覺像大爺一樣，呈現在心態和身體上，不是開始跳廣場舞，就是拿著鳥籠子在公園裡閒晃，假如在公車沒有被讓座還會連打帶罵。未老先衰、倚老賣老，這是多數父母的通病，要察覺、改進。保持年輕的心態，才能跟子女有共同的話題、像朋友一樣輕鬆交流。

有人會說，我沒有未老先衰，我幫兒女照顧孫子，這比上班還累啊！這，又是另一個錯誤了。孫子不該由祖父母來帶，最多只能算是幫忙。要知道，孩子如果不是父母親自照顧，將來容易親子間有隔閡，就會產生教養方面的問題。

至於兒女，對父母要關懷、尊敬。就算要啃老，啃的姿勢也不要太難看。

有次，子夏問孔子怎樣才能做到孝，孔子就說：「臉色這點比較難。平時有什麼事，你們這些弟子都幫我做了；有好吃的、好喝的，也都讓我先享用。但這就算孝嗎？其實這些我都不在乎，我在乎的是你們是否給我好臉色。」

孔子說的這段話非常正確。人老了以後，其實並不在乎物質層面，這時會特別擔心自己是否成為子女的累贅、是不是被子女嫌棄了。如果這時子女還不給父母好臉色，父母的內心就會忐忑不安又慚愧。

所以對待父母，永遠不要用難看的臉色和不耐煩的語氣。

人老了，性格會變得偏執，不聽勸。對此，孔子說，如果父母有什麼不對的，要用委婉的方式勸說。實在講不聽，也不要堅持，要始終保持恭敬，不要抱怨。

子曰：「事父母幾諫。見志不從，又敬不違，勞而不怨。」

（出自《論語．里仁篇》）

第二十六章

社會人士必學的禮儀

周禮中最重要的就是禮儀，也就是儀式。早期，孔子堅持事事都要嚴格遵循周禮，有時反而弄得自己很難堪，也成了他最為人詬病的事。原因很簡單，從周公制定周禮到孔子的時代已過了五、六百年，很多事都發生了變化，原先的禮儀也未必合適了。此外，最初的周禮本身就有點過於繁瑣，也該簡化了。

後來，孔子的思想也發生了變化，對於儀式也傾向於刪繁就簡，只要保持核心內容就好。有的人認為，儀式就是完全沒有用處，主張應該徹底摒棄。到後來，不知道誰又發明了「形式主義」這樣的詞彙。

那麼，形式到底有沒有用？孔子在《論語》中說過這樣一句話：

子曰：「道聽而塗說，德之棄也。」

（出自《論語・陽貨篇》）

歷來，都把這句話解讀為「在路上聽到就在路上說，這是對道德的拋棄」。所以道聽塗說，就引申為「沒有根據的小道消息」，但實際上根本不是這樣。

《論語》中的德，專指統治者以身作則，因此這句話的主語應該是君主。「道聽」和「塗說」與內容毫無關係。

孔子強調的是，這兩種行為方式對君主而言是錯誤的。按照周禮規定，君主與大夫在朝廷議事，在國社與百姓交談，而決策和發布命令必須在祖廟進行。也就是說，君主的聽和說都有場合規定。道聽和塗說都是錯誤的場合，不合周禮。

如果君主常在不恰當的場所聽取消息或發表看法，人們會認為君主不夠嚴謹，話語隨意，君主就將因此失去威信。換言之，就會失去德。

所以這句話的意思應該是：君主在不恰當的場合講話，就是放棄自己的權威。比如在公司裡，你要找老闆彙報，老闆一定會說「到我辦公室來」；老闆要宣布重要決定，一定會要大家進會議室，而不是在茶水間大聲嚷嚷。所以形式還是很重要的。

重要的事情，不能省

周朝時，將每個月的初一訂為朔、十五為望。按照周禮規定，周天子每年秋冬之際，就會把第二年的曆書頒給諸侯，諸侯便將曆書放在祖廟裡，並按照曆書規定每月初一來到祖廟，殺一隻活羊祭祖，表示每月聽政的開始。這頭用來當作祭品的生羊，稱為餼羊（按：餼音同細），這個儀式叫做告朔。

進入東周後，周天子已經不再頒布曆書，不過魯國自有曆官，因此還是會行告朔禮。到了孔子時代，魯國君主已不親自告朔。因此子貢建議，可省去餼羊。

子貢的意思是，既然周天子和魯國國君都已經不在乎這個禮了，也就別浪費這頭羊了。孔子則不這麼認為，他認為周禮已被敗壞，而在告朔禮中，雖然國君已經不參加，但至少還有這頭羊，如果連這頭羊也沒有，周禮就徹底消失了。只要這頭羊還在，這個禮也就還在。與禮相比，一頭羊算不了什麼。

子貢欲去告朔之餼羊。子曰：「賜也，爾愛其羊，我愛其禮。」

（出自《論語．八佾篇》）

告朔禮，其實是向魯國百姓宣示國君的統治。三桓架空魯國國君後，魯國國君的存在感就變得越來越小。如果再把羊去掉，這個禮基本上就算沒有了，人們就會認為魯國國君已經連羊錢都出不起，存在感將會面臨更大的危機。

有次，孔子的弟子林放來向孔子請教禮儀問題。孔子就對他說：「就一般情況而言，在禮儀方面與其奢侈，不如節儉。」

林放問禮之本。子曰：「大哉問！禮，與其奢也，寧儉；喪，與其易也，寧戚。」

（出自《論語・八佾篇》）

在奢侈和儉樸之間，孔子選擇儉樸。當然，之所以選擇儉樸，是因為孔子擔心太奢侈會越禮。不過選擇奢侈和儉樸要根據具體情況決定，並不是一定要儉樸。

比如，有重要客戶來訪，你臨時租了一輛賓士去接機，又借錢帶他去最好的餐廳吃飯，這能展現你的實力和誠意，並不算誇張；又或是大學同學來拜訪，你搭捷運去接他，路上幫他提行李，並請他來家裡吃飯，這個表達的是兄弟般的感情，同甘共苦、不分彼此，也不顯得寒酸。

所以，不同的禮儀，傳達不同的資訊。

注重儀式禮節，讓你高薪

讀到這裡可以明白，做一件事，內容最為重要。但這並不意味著形式就不重要，或者可以忽略形式。在多數情況下，形式也不可或缺，將內容和形式視為兩個對立面並不正確。或者說，形式本身也是事的一部分。

舉個例子，當年劉邦特地修築了拜將壇，親自跪在地上把大將軍印給了韓信，任命他為大將。為什麼要這麼隆重？因為韓信是新人，沒有戰功跟人脈，大家都不服氣，劉邦要用這個形式來幫他撐場面。

又或是結婚，其實只要完成登記，就是合法夫妻了，為什麼還要辦婚禮？因為需要這個形式，來表明這件事非常重要，並非兒戲。同時也是為了告訴親朋好友，兩人結婚的消息。

春秋時期的第一任霸主齊桓公，其相國是管仲。管仲非常注重效率，但齊桓公稱霸天下後，管仲每年都會召集諸侯前來會盟。這讓諸侯們很煩惱，認為實在沒有必要這樣。但管仲認為，會盟雖然只是形式，但透過會盟可以提醒諸侯們要遵守秩序，有必要每年召開一次。

事實上，在生活和工作中，我們都在形式上花費了許多時間、精力。如果沒有形式，人類社會就會像機器人社會一樣，沉悶而高效，但缺乏活力。

對於個人而言，隨時都面臨著面對形式的問題。比如結婚，有的人婚禮儀式相當隆重，有的人則從簡，有的人甚至根本不舉行婚禮。

隆重舉辦的人也未必對這樁婚事有多期待，可能只是想要收紅包。也因此有人會今年隆重結婚、明年轟動離婚；不舉行婚禮的人，也未必不珍惜這段感情，可能只是因為他們有自信。

形式多多少少應該存在，不過是多是少則因人而異。該如何判斷形式的多寡？首先形式應對內容有益，並理性選用。對內容毫無意義的形式，應該果斷拋棄。

像是假設，你認為自己的一切都由神賞賜，得罪神後果會很嚴重，那就要在形式上重視神，比如燒香、祈禱、還願等。如果你覺得你的神很和藹、正直、包容，那麼按照神的要求去做也就夠了；如果你覺得你的神跟貪官沒兩樣，可以用錢賄賂，那就多燒錢、多上貢。

其次，你要明白形式對內容的影響。比如約會場所的選擇，為什麼要選電影院、遊樂園、公園或郊外，而不是紀念堂、博物院或烈士陵園？

此外，形式有時可以產生內容。例如，你可能在公司裡默默無聞，跟主管根本談不上話。某天你結婚、辦了婚禮，也得邀請同事和主管參加。為什麼？不是為了紅包，而是藉機跟同事、主管建立關係。所以，形式有時候就是個平臺，借助這個平臺可以做你想做的事。

在現代社會，平臺的作用很大。

有些人很討厭形式，認為那不過是耗時、耗力又毫無意義的東西，那是因為他們不了解其重要性和必要性。

根據統計，在美國主修工程和主修文史的人畢業後，一開始薪水差距很大，工程相關學系的薪水可以碾壓文史學系。

但到了四十歲時，形勢逆轉，後者反超前者，為什麼？因為理工人通常厭惡形式，而文史人擅長形式，前者始終在封閉的圈子裡工作，後者則不斷累積人脈。四十歲時，前者的知識逐漸過時，後者則憑藉人脈晉升公司管理層。

舉個簡單的例子，去主管家或同事家做客時，理工人往往不拘小節，自在來訪；而文史人往往精心挑選禮品，把這當成禮儀。

這就是現實，不僅在美國，在各國都是如此。所以作為一個社會人，你不僅要適應形式、掌握形式的度，同時還要懂得利用形式，甚至創造形式，以達成目的。

最後再提一點小事。很多禮儀都有傳統，要了解傳統，否則會鬧笑話。比如祭祀天地，只能由最高統治者來做；祭祀周王，只能由現任周王祭祀，諸侯沒有資格。

晉國國君也是周文王、周武王的後代，但他們也只能祭祀自己的開國祖先唐叔虞。有一個特例是周公，周公因為曾經代理周王，死後葬在周文王的墓地，因此享受周王待遇，只能由後代的周王祭祀。

魯國作為周公的後代，特別申請祭祀周公，周成王予以特批。因此，周公是唯一一個享受周王和魯國國君祭祀的人。

第二十七章

目標要有上限，
手段要有下限

子桑伯子是孔子的老朋友。冉雍要去季孫家做官時，便問孔子，子桑伯子是個怎麼樣的人？

孔子說：「這人還不錯，做事總是追求簡單。」冉雍想了想說：「如果對百姓心存敬重，行事簡單的管理百姓，不是就可以了嗎？但如果是為了簡單而簡單，可能就過於簡單了。」孔子說：「冉雍，你說得對。」

> 仲弓問子桑伯子，子曰：「可也簡。」仲弓曰：「居敬而行簡，以臨其民，不亦可乎？居簡而行簡，無乃大簡乎？」子曰：「雍之言然。」
>
> （出自《論語．雍也篇》）

這段話裡，冉雍所要表達的意思是：如果是以老百姓辦事方便為目的（居敬），這樣簡化程序是可以的；如果是為了自己便宜行事（居簡），那這樣的簡化程序就會出問題。也就是說，目的不同、手段就會不同，實際上結果也不同。

舉個例子，假設你是醫生，患者來診所就診要先掛號、再繳費，其次問診、之後再繳費……某天，來了位摔斷腿的患者。

如果你是居敬的醫生，把患者都當作自己的親朋好友，這時你就會簡化流程，跳過掛號跟繳費，直接請他上手術檯，進行麻醉、正骨、包紮等。但如果你是個居簡的醫生，你會直接請他把現金交給手術室，再進行正骨手術，卻忘了為他麻醉。

所以，居敬而行簡，簡化的都是次要環節，核心環節絕不會省略；居簡而行簡不同，完全是敷衍了事，自己怎麼省事就怎麼做，所以簡化的很可能是核心環節或要害環節。

這裡講的道理就是：在做一件事之前，首先要明白自己的目的，才能找到完成這個目的的手段。簡單來說，目的決定手段。這個道理看起來簡單，但很多人其實並不明白，也難以實踐。

很多人喜歡追隨潮流，特別是追隨自己的偶像，這種人往往不明白這個道理。比如偶像買了件路易威登（Louis Vuitton）的風衣，準備走紅毯時穿。結果，你也借錢買了一件，卻只能在排隊買早餐時穿。

比如，看見別人炒股發了財，你也想發財。雖然目的算是比較明確，但要明白的是，炒股不是你發財的手段，因為你沒有內線消息。所以不僅要明白自己的目的，也要明白哪些手段不合適，這樣才不會盲目跟風。

發大財，不能不擇手段

孔子向來坦誠自己追求富貴，他認為這是每個人的追求，沒什麼不可以說的。但孔子接著說，如果用不道德的方式實現這個目標，那也不行。

子曰：「富與貴，是人之所欲也，不以其道得之，不處也；貧與賤，是人之所惡也，不以其道得之，不去也。君子去仁，惡乎成名？君子無終食之間違仁，造次必於是，顛沛必於是。」

（出自《論語・里仁篇》）

每個人都有個富貴夢，或者說富貴是每個人的目的。那要實現這個目的，就需要合適的手段。問題是，富貴這個常常是零和遊戲，也就是說你賺大錢時，可能就有人破產。因此，為了實現目的，很可能就需要採取不道德或不光彩的手段。

所以孔子說，如果一種手段能讓我富貴，但這種手段突破了我的價值底線，我寧願捨棄我的目的。相反，就是我們常說的不擇手段了。

簡單說，**目的決定手段，但不能不擇手段**。反過來說，在孔子看來，必須堅持「仁」的底線。底線之上的手段，就可以使用。

孔子曾說過：「如果為人駕車能使我富貴，我願意做。」只要能實現富貴，面子不重要，工作不分貴賤。他也曾跟顏回開玩笑說：「什麼時候你發達了，我去當你的管家。」孔子把仁作為追求富貴的底線，但並沒有讓仁與富貴對立。

問題是，仁的標準是什麼？孔子沒有明確說明，但損害他人的利益，以追求自己的利益大概就屬於不仁吧！

有些情況下，為了實現遠大的目標，可能需要使出一些看起來不那麼偉大的手段，怎麼辦？孔子毫不猶豫，就是做。他的原話是這樣的：

子曰：「君子貞而不諒。」

（出自《論語・衛靈公篇》）

而孔子和其得意門生子夏也分別說過以下兩句話：

子曰：「君子固窮，小人窮斯濫矣。」

（出自《論語・衛靈公篇》）

子夏曰：「大德不踰閑，小德出入可也。」

（出自《論語・子張篇》）

這兩句話意思差不多，簡單來說，也是目的決定手段，但不能不擇手段，也不等於不耍手段。比如說謊是錯的，但對壞人說謊就沒問題。

有次，孔子帶著弟子們從魯國去衛國首都楚丘，路過衛國戚邑。這個地方剛剛背叛了衛國，所以扣留了孔子一行人。最後，孔子保證自己不去首都楚丘，才被釋放出來。可是一出城門，孔子就帶著弟子們往楚丘去了。

「老師，我們這樣豈不是言而無信？」子路問道。

「我們是被迫許下承諾的，所以不算數。」孔子說。

孔子非常推崇柳下惠，因為他從不說謊。有次，齊桓公向魯國索取魯國的國寶魯鼎，魯國國君不敢拒絕，只好用贗品替代。結果齊桓公一眼看穿，就對魯國使者說：「把這個拿去給柳下惠鑑定，如果他說是真的，就算是假的我也認了。」

魯國國君就派人送去給柳下惠，還說為了祖國的利益，請他假裝這是真品，但柳下惠斷然拒絕。最後，魯國只好把真品送給齊桓公。

柳下惠的做法和孔子的做法截然不同，誰對？其實都對。對孔子來說，不損害別人的利益是他的底線，說謊不是；但對柳下惠而言，不說謊就是他的底線。

對於目的而言，堅持同樣的手段不變化，就叫固執；能夠根據情況採取不同的手段，這就叫變通。孔子提倡變通，而在孔子的弟子中，顏回、子張、曾參都屬於比較固執的人，子貢、子夏都屬於比較懂變通的人。子夏有一句名言：

> 子夏曰：「博學而篤志，切問而近思，仁在其中矣。」
> （出自《論語・子張篇》）

這句話就是在講述堅持與變通之間的關係：目標是堅定的，手段是變通的。志向是堅定的，但不該局限於老師所教的東西，還要廣泛學習。學習了歷史的知識，但要思考的是現實情況。

智商不夠高，就別妄想當工程師

現代社會中人心浮躁，其實人們很少思考自己的人生目標，因此常常把手段當成目標。比如，大多數的人生目標其實就是發大財，要怎麼達成？發揮長處。有商業頭腦的人經商、有邏輯思維的人發明、有管理才能的人管理。

但出於各種原因，人們忽略了目標，而直接把手段當成了目標。像是要成為科學家、企業家等，其實這些都只是手段。講得直接一點，假如智商不到九十，要怎麼當科學家？把手段當成目標的後果，就是永遠找不到合適的手段，以實現你的假目標。

有人說，我智商只有八十，別說當科學家，連當工程師都很難，怎麼辦？這就對了。如果你設立了最初的目標，發現自己完全沒有能力達成，就要考慮降低目標。如果還不行，就繼續降，直到你有相應的能力實現目標。

所以國外有很多人的目標看起來都很低，像是當個麵包師傅、水管工，甚至清潔工等。但**目標低一點其實沒有壞處，至少能保證你不走彎路**。而當你實現了目標後，就可以追求更高的目標。這樣的人生，就能一直生活在滿足和快樂中了。

亞洲父母為何總是對子女憂心忡忡？全因替自己和孩子訂了太高的目標。

孔子說：目標要有上限，手段要有下限。目標超過上限，就會迷失方向；手段超過下限，就會不擇手段。在上限和下限之間，懂得適時變換合理的目標和手段，就是變通。

底線太高、太低都不好

這裡有個難題，就是如何確定下限。比如，孔子追求富貴的下限，是不損害他人利益。那假如說孔子手裡有一幅畫，他認為這幅畫會貶值，於是趕緊賣掉。過不多久，這幅畫果然貶值了，這樣算不算損害了別人的利益？

現代也有這個問題，比如房子、股票的買賣。你在最高點時賣了股票，興高采烈的請客吃飯。接盤的人連著幾個跌停，整天哭天喊地。這算不算損害他人利益？算不算把自己的快樂，建立在別人的痛苦上？

這就要看自己是否故意了。

假如畫作是贗品，孔子卻故意以高價售出，這就屬於品質問題，賺的是缺德錢；如果這幅畫是真品，只是根據自身判斷，在貶值前售出。這賺的就是智商錢，就在孔子的下限之上了。

孔子總是擔心弟子不懂得變通，這不奇怪，因為那時講求貴族文化，講信用、契約，所以人們不會輕易變換手段。換句話說，底限都設得相當高。

規則意識、契約意識越強的社會，人們的變通能力也就越差。所以在這樣的社會裡，就要鼓勵人們變通；而規則意識、契約意識薄弱的社會，就恰恰相反，人們變通的能力超強，底限設得比較低。所以這樣的社會，就要鼓勵人們守規則、守契約。

總之，底限設置太高、太低都不好，必須根據時代的變化隨時調整。所以，最重要的變通不是手段的變化，而是底限的變化。

第二十八章

一團和氣的人
不等於有修養

人們常提到文化修養，但有知識不等於有文化，有文化也不等於有修養，這是兩回事。以下用自己的例子說明：

多年前，我跟兩位朋友出門，他們都是北京大學的畢業生，知識、文化就不用說了。那時候沒車，只能坐中型巴士，我帶著口香糖，分給彼此一人一片。其中一位朋友直接把口香糖的包裝紙扔在地上；另一位握在手裡，下車後隨地丟棄；只有我把包裝紙放在口袋，下車後丟進垃圾桶裡。

什麼是修養？《論語》中，孔子在無意之間給了定義。

子曰：「君子博學於文，約之以禮，亦可以弗畔矣夫！」

（出自《論語．雍也篇》）

意思是，君子廣泛學習，用禮約束自己，就算是有修養了。

禮是什麼？就是正確的行為規範。所以，當你的知識文化中，根本沒有正確的行為規範這部分時，怎麼會有好修養？

貴族的修養是從小培養的行為習慣。很多人不是貴族，卻依然具有高修養，則是透過觀察培養出來。而我們，從小沒有人培養我們的習慣，長大後也沒有地方觀察和學習，要提升修養就比較困難。

我們總說英國女王去貧民區看望平民，也要禮貌的先敲門。其實這沒什麼，在周朝，周王與百姓交流時，也會向百姓磕頭；魏文侯去貧民區見段干木，也是敲門後在外面等，進去後站著聊天。所以，最重要的是有禮的習慣。當然，學識越廣，對禮的理解也就越深刻，言辭談吐也會更得體，對於修養是有提升的。

孔子還說過這樣的一句話——

子曰：「質勝文則野，文勝質則史。文質彬彬，然後君子。」

（出自《論語・雍也篇》）

意思是：「質樸多於文采，就粗俗；文采多於質樸，就刻板。只有質樸和文采配合恰當，才能夠成為君子。」

所謂質樸，就是尋常的街巷生活；所謂文采，就是知識文化。

很多鄉下地方，人們見面都是「吃飽了沒」，這就是質樸多於文采。有的人看英國電影看多了，跟人打招呼就說了「早安、午安、晚安」，這就是刻意。怎麼樣才恰當？說「你好，早安」就行了。

所以，既要懂得規則，也要尊重生活。

你得學會運用優點

有人說，我只要做個尊重別人的好人，守信用又誠實，這樣不就行了？把好的行為規範都背誦下來，不就是有好修養？當然不是。當初，子路就是這樣的想法，孔子早就解答了。來看看《論語》中孔子怎麼說的：

子曰：「由也，女聞六言六蔽矣乎？」對曰：「未也。」「居！吾語女。好仁不好學，其蔽也愚；好知不好學，其蔽也蕩；好信不好學，其蔽也賊；好直不好學，其蔽也絞；好勇不好學，其蔽也亂；好剛不好學，其蔽也狂。」

（出自《論語．陽貨篇》）

這段話中，孔子說明了六種品德和背後的六種弊病：信奉仁而不愛好學習，弊病是受人愚弄；信奉智慧而不愛好學習，弊病是行為放蕩；信奉誠信而不愛好學習，弊病是被人利用；信奉直率卻不愛好學習，弊病是說話尖刻；信奉勇敢卻不愛好學習，弊病是犯上作亂；信奉剛強卻不愛好學習，弊病是狂妄自大。

孔子是在告訴子路，就算擁有好品德，只懂得行為規範並不夠，需要多學習，才能運用合宜。

之後，孔子講了六種情況：

一、你很善良，對誰都好。但如果你不懂得分辨，就會受壞人愚弄、欺騙。如果一個人總是被愚弄欺騙，還談什麼修養？大家只會認為你是傻子。所以要多學習、多思考，害人之心不可有，防人之心不可無。

二、你很聰明、反應很快，但如果不能控制自己賣弄聰明，就會成為小聰明，被人認為很輕佻。

三、你為人講信用，說了一定要做，這當然是優點。可是這世界上許多人不講信用，所以你的信用很可能被利用。

四、你性格直率但若口無遮攔，就成了刻薄。這也是典型的沒修養。

五、你很勇敢，但不懂得約束自己，就會魯莽行事。像李逵這樣的人，對方都投降了，還殺了他們一家老小，連孕婦也不放過，你能說他有修養嗎？

六、你性格堅定、有主張，如果掌握不好，就會顯得很自大狂妄。自己分明錯了，就是不承認，這樣的人，也不能說他有修養。

事情往往一體兩面，以上六點在我們看來都是優點，但如果沒有加以學習，不懂得變通，掌握不好尺度，同樣會變成壞事。所以，要提升自己的修養，需要學習規則。不僅學習規則，還要學習在不同的情況下，怎麼靈活運用。

那麼，要怎麼靈活運用規則？《論語》中，有這樣一則記載：

子食於有喪者之側，未嘗飽也。

（出自《論語・述而篇》）

意思是，孔子如果跟家裡有喪事的人一同吃飯，都不會吃飽。為什麼？因為家裡有喪事的人，往往會因為悲傷而食慾不振。如果這時你大吃特吃，就顯得你很高興。所以，寧可不吃飽，也要表現出對他人的同情和尊重。

這，就是有修養的表現。再來看《論語》中的另一則：

子游曰：「喪致乎哀而止。」

（出自《論語・子張篇》）

這句在說，失去親人的人，在喪禮上只需要表現出淡淡的悲傷。為什麼？失去親人時，人們的直接反應就是悲傷，也就是從心底感到難過。但是，過了一段時間進行喪禮時，最初的悲傷已經過去，也接受了現實，這時就表現為哀，也就是體現於表情上的難過。

喪禮過程中，會有很多賓客前來。一方面，要表現出失去親人的悲傷之情；另一方面，要招待賓客好友，不能失禮。因此，哀這個程度就是最恰當的。

有的人不懂這個道理，為了體現自己的孝心，就在喪禮上嚎啕大哭，眼淚、鼻涕橫流。不僅看起來形象不佳，還怠慢了客人，這就屬於典型的欠缺修養。

己所不欲，勿施於人

有修養的人，走到哪裡都受人尊重，與人打交道都讓人感覺很舒服；欠缺修養的人，走到哪裡都讓人討厭，與人打交道都讓人感覺不舒服。

修養作為一個概念，可大可小。大的概念可以說是前面所有優點的集合，守規則、自省包容、敢於認錯、語言恰當、懂得變通等。

小的概念就是八個字：己所不欲，勿施於人。意思是你自己不想承受，就不要施加於他人。這可以說是《論語》中的精華，孔子曾經兩次說到這八個字。

一次是子貢問孔子：「有沒有一句話可以終身奉行？」另一次，則是冉雍要去出任季孫家的管家時，臨行來請教孔子。

子貢問曰：「有一言而可以終身行之者乎？」子曰：「其恕乎！己所不欲，勿施於人。」

（出自《論語．衛靈公篇》）

仲弓問仁。子曰：「出門如見大賓，使民如承大祭。己所不欲，勿施於人。在邦無怨，在家無怨。」仲弓曰：「雍雖不敏，請事斯語矣。」

（出自《論語．顏淵篇》）

像子貢這樣有才能的人，孔子對他的忠告就是這八個字；像冉雍這樣就要出任高官掌握大權的人，孔子給他的忠告也是這八個字。

由此可見，這八個字確實是金玉良言。

孔子為什麼單獨對他們提出這樣的要求？因為子貢有錢、冉雍有權，孔子提醒他們不要仗勢欺人。如果有權有錢的人都要這樣做，普羅大眾就更應該這樣做了。

那麼，怎樣做到己所不欲，勿施於人？在做事前，先考慮別人的感受，這也叫做換位思考。

有時在大眾運輸工具上，可以看見有人脫了鞋並且把腳放在前排座位上方，這就是完全不考慮別人的感受；有的人會在外人面前訓斥自己的子女，或是上完廁所不沖水，這些也都是不考慮他人的感受。

通常自私、自我中心、自命不凡的人，都很難做到己所不欲，勿施於人。不過，就算做到了也不值得驕傲，因為這只是最基本的修養，這並不足以讓人尊重，頂多是讓人不討厭。

現實生活中，我們往往認為說話和氣、彬彬有禮的人就是有修養。但這頂多算是有禮貌，或者是個一團和氣的人，並不等於有修養。

要真正成為有修養的人，首先要懂得禮節，而不僅僅是禮貌。問題是禮儀、禮節經過幾千年的破壞，早已支離破碎。如今，學校不教、父母不會。有些曾在國外留學的人回國，又帶來一些不土不洋的東西，與這個社會格格不入。

沒有規範、沒有教材、沒有標準。因此，就先做到己所不欲，勿施於人吧！

第二十九章

美德也不要過度

辛棄疾有一首詞，其中一句是「物無美惡，過則為災」。

就像美女，假如按照完美比例，用電腦製作出最完美的人，可能也不會好看。現實生活中，那種面容雪白光滑、毫無瑕疵的美女並不耐看，但如果加上一顆美人痣或幾粒淡淡的雀斑，反而更讓人喜歡。

人品也是如此，過度完美的品格往往讓人討厭。就像一部電影，如果主角無懈可擊，這個人物就會蒼白無力。相反，主角有一些瑕疵，反而更生動、更讓人信服。

要求別人完美，就是刻薄狹隘；要求自己完美，就是自尋煩惱。所以，凡事要有度，就算美德也不能過度。

完美的顏回，失敗的一生

周公是孔子的偶像，當初周公的兒子伯禽去治理魯國前，周公對他說：「君子不疏遠他的親屬，不使大臣們抱怨不用他們。舊友老臣沒有大的過失，就不要拋棄他們。不要對人求全責備。」

孔子也一直用這段話教育弟子，要求他們不要用完美的標準要求別人。

周公謂魯公曰：「君子不施其親，不使大臣怨乎不以。故舊無大故，則不棄也。無求備於一人。」

（出自《論語・微子篇》）

可是子張就是一個對別人要求完美的人。他不僅要求別人現在、未來要完美，還要求別人過去也要完美。甚至要求別人不只做事，連動機也要崇高。

在《論語》中，子張是個比較喜歡向老師提問的人，但他的問題全都道德標準過高，到後來孔子連聽著都煩。而他自己不說話則已，一開口一定都是慷慨激昂、視死如歸的架勢。「士見危致命，見得思義」、「執德不弘，信道不篤。焉能為有，焉能為亡？」等，相當義正詞嚴。

事實上，孔子為很多弟子引薦，卻從不推薦子張，子張也問了孔子很多當官的學問，卻一輩子沒有當過官，也沒有什麼著述。

子張口口聲聲要跟所有人當朋友，但其實他根本沒朋友，同輩的子夏、子游、曾子都不喜歡他。

他這樣的人就是典型的道德潔癖，而且只針對別人。對別人的道德水準要求高，也就是我們俗話所說的偽君子。對別人要求完美是偽君子，那麼，對自己要求完美是不是很好？這就得提到孔子很喜歡的一位學生，顏回。

在孔門弟子中，顏回的德行修為最高。孔子所說的，就是他的追求。孔子也曾感嘆自己比不上顏回，因為自己做不到的，顏回能做到。孔子所講的傳說中聖人們的事蹟，顏回都要求自己達成。

有一次，顏回請教老師什麼是仁，孔子就說「克己復禮」就是仁。具體來說，就是「非禮勿視，非禮勿聽，非禮勿言，非禮勿動」。顏回當場表示要遵照去做。

> 顏淵問仁。子曰：「克己復禮為仁。一日克己復禮，天下歸仁焉。為仁由己，而由人乎哉？」顏淵曰：「請問其目。」子曰：「非禮勿視，非禮勿聽，非禮勿言，非禮勿動。」顏淵曰：「回雖不敏，請事斯語矣。」
>
> （出自《論語．顏淵篇》）

還有一次，顏回問怎樣治理國家，孔子說：「用夏代的曆法，乘殷代的車子，戴周代的禮帽，提倡高雅音樂，禁絕鄭國的樂曲，疏遠花言巧語的人，鄭國的樂曲浮靡不正派，佞人太危險。」

顏淵問為邦。子曰：「行夏之時，乘殷之輅，服周之冕，樂則韶舞。放鄭聲，遠佞人。鄭聲淫，佞人殆。」

（出自《論語・衛靈公篇》）

事實上，雖然孔子這麼說，但他也只是停留在學術範疇內。可是顏回決定完全按照這個標準去做。孔子很欣賞他的態度，並表揚他：「聽我說話而能毫不懈怠的，就只有顏回一個人吧！」

子曰：「語之而不惰者，其回也與！」

（出自《論語．子罕篇》）

孔子還說：「顏回這個人，能做到三個月心中都不違反仁道，而其餘的學生則只能在短時間內做到仁而已。」

子曰：「回也，其心三月不違仁，其餘則日月至焉而已矣。」

（出自《論語．雍也篇》）

不過，孔子推薦顏回擔任卿大夫家裡的管家時，對方面談時問了顏回：你會怎麼管理我的封邑？顏回便以前面提到的治理國家原則回答。

「非禮勿視，非禮勿聽，非禮勿言，非禮勿動。用夏代的曆法，乘殷代的車子，戴周代的禮帽，提倡高雅音樂，禁止靡靡之音。」顏回說。

最後對方就請他回家等通知，當然，過於理想化的顏回，註定等不到通知。

在顏回死後，有次魯哀公問孔子哪個弟子最好學，孔子說是顏回，他從不遷怒於人，也不推卸過錯。不幸的是顏回短命死了，從此就沒聽說過誰很好學。

> 哀公問：「弟子孰為好學？」孔子對曰：「有顏回者好學，不遷怒，不貳過。不幸短命死矣！今也則亡，未聞好學者也。」
>
> （出自《論語・雍也篇》）

基本上從孔子的評價來看，顏回確實是個品格完美的人，不僅好學，且不抱怨，還善於自省。實際上，不僅孔子稱讚顏回，其他師兄、師弟也都自嘆不如。

有一次，孔子問子貢，他和顏回誰比較強？而一向高傲的子貢，也脫口而出自己比不上顏回，孔子聽了便點頭表示贊同。

子謂子貢曰：「女與回也孰愈？」對曰：「賜也何敢望回。回也聞一以知十，賜也聞一以知二。」子曰：「弗如也！吾與女弗如也。」

（出自《論語．公治長篇》）

品格高尚的曾子，也相當佩服顏回。

有次曾子說：「才能高卻向才能低的人請教，知識多卻向知識少的人請教；有學問卻像沒有一樣謙虛，才華洋溢卻像沒有一樣低調，也從不計較別人的無理冒犯。從前我的朋友顏回就這樣做過了。」

曾子曰：「以能問於不能，以多問於寡；有若無，實若虛，犯而不校。昔者吾友嘗從事於斯矣。」

（出自《論語・泰伯篇》）

包容、大度、謙虛，這些美好的品德也都在顏回的身上。可以說，顏回真的完美。可是，他的一生卻是失敗的。

顏回三十歲時已滿頭白髮，四十歲時便死於貧病交加。去世時家徒四壁，連喪禮都無法舉辦，最後還是師兄、師弟一起幫忙下葬。

顏回從來沒有當過官，不是不想做，也不是孔子不推薦，而是想法太完美，沒人敢用。孔子就曾感慨顏回和子貢的命運，他說顏回每次應徵都不成功，一輩子沒當過官；子貢這小子不肯當官，去經商結果總是發大財。

「唉！難道顏回就註定只能當個普通群眾嗎？」孔子慨嘆。

子曰：「回也其庶乎，屢空。賜不受命，而貨殖焉，億則屢中。」

（出自《論語．先進篇》）

吊詭的是，顏回不僅沒有當官，甚至連在孔子學校當老師也沒有機會，否則他在《論語》中就應該叫顏子了。

為什麼孔子不用他？孔子這樣說：「顏回對我沒有幫助，因為我說的話，他每一句都心悅誠服。」

子曰：「回也非助我者也，於吾言無所不說。」

（出自《論語．先進篇》）

意思是，顏回對孔子的話百分之百接受，沒有一點叛逆，因此也缺乏了創造力和想像力。孔子在修編《詩經》和《春秋》時，都選用了具有叛逆精神的子夏作為首席助手，卻不肯用顏回，因為他認為顏回無法為自己帶來啟發。

顏回一輩子在事業上沒有任何成就、學術上沒有任何著述，對於家庭沒有任何幫助。除了完美的品德，其他什麼也沒有。

我們需要這樣的完美嗎？為什麼完美的品德反而糟糕透頂？其實這就像前面所說的「宥坐之器」一樣，完美就會導致失衡。

完美的人，首先會讓人敬而遠之。子貢、曾子都很佩服顏回，可是他們都無法成為顏回的知音，為什麼？因為顏回很難相處。每個人都會有小毛病，如果跟顏回這樣完美的人在一起，一定會感覺自己很齷齪、不自然。

所以，就跟對鬼神敬而遠之一樣，對完美的人也要敬而遠之。

完美的人，一定也是個無聊又缺乏想像力的人。要讓自己達到完美，一定會隨時審視自己，這還能有什麼創造力？

除此之外，他們的內心必定飽受煎熬。人之所以為人，就是因為人性。人性本身是自私、貪婪、怯懦的，人們竭力克服人性的弱點，就像用手去壓彈簧一樣。

當你想徹底杜絕這些人性弱點，就等於把彈簧壓到了不能再壓的程度，這樣內心承受的壓力將難以描述。所以，顏回三十歲就白了頭。他去世時，心裡一定很坦然，因為這對他來說是個解脫。

世上本就沒有完美

實際上，孔子從來不是個完美主義者。他提倡不抱怨，但他也偶有抱怨；他宣揚周禮，但他也違背過；他提倡言而有信，但他也騙過人；雖然自己沒有搭訕過女性，可是也曾經派子貢去調戲良家姑娘。

在孔子的學說裡，變通是個重要概念。有句俗話：死讀書不如不讀書。讀聖賢書，不是讓你去做聖賢。人要懂得知足，要懂得進退取捨。在品德方面也是一樣。作為一介凡人，不要用上帝的視角看世界，包容和寬恕都要有限度。

人有很多美德，盡量去做卻也不必勉強，不要超出自己的理解能力和承受能力。謙虛是個美德，但是過度謙虛就是虛偽。

孔子就曾說過：「在朝廷禮敬公卿，在鄉里敬重父老，有喪事不敢不盡力去辦，不被酒所困，這些事對我來說有什麼困難？」又或是：「即使只有十戶人家的小村子，也一定有像我這樣講忠信的人，只是不如我那樣好學罷了。」

這是驕傲嗎？不是，是自信。

他還說過：「我有學問嗎？其實沒有。有個鄉下人向我請教，我對他的問題完全沒有概念。我上上下下反覆思考，卻一點頭緒也沒有。」

這是謙虛嗎？不是，是自知。所以很多人並不理解什麼是謙虛，就盲目謙虛。壞事做絕，就是做壞事而不為自己留後路的意思。壞事不能做絕，其實好事也不能。好事做絕了，那是不替別人留後路。

有的人對自己的要求是追求完美，往往累死自己卻一無所獲，最終心態崩潰走向另一個極端；有的人對自己的兒女追求完美，於是拚命補習，把兒女逼上反叛之路，結果也是適得其反。

不要追求完美，因為連上帝都不完美，連上帝都造不出他自己也舉不起的石頭，連上帝都得容忍撒旦的存在。世上本就沒有完美。

第三十章

道義是人生的通行證

來到本書最後一章，要討論一個嚴肅的問題。在《論語》中，孔子這樣說——

子曰：「道不同，不相為謀。」

（出自《論語．衛靈公篇》）

意思是，理念不同，就無法相互討論或共事。

第七章提到反省時，也說過「朋友不適合一起創業」。其實除了自省精神以外，理念也很重要。因為即便是多年好友，生意理念也未必相同。理念不同，方法就不同，於是會有爭執，就會產生抱怨。最終，生意失敗，朋友也做不成。

所以理念很重要。不論是做生意，還是交朋友，理念相同才是合作的基礎。否則，一有風吹草動，友誼的小船說翻就翻。雖說理念是合作的基礎，但不代表理念相同就必須合作，也不表示理念不同就不能合作，只是這樣的合作基礎會非常脆弱。

若兩個人的理念並不相同，但有共同的利益，就可以進行短期合作。有時候，兩人未必有共同理念，也未必有共同利益，但靠激情也可以合作。像是男女因激情而在一起，並決定結婚。

只是這並沒有足夠的合作基礎支撐。前者一旦發生利益衝突，就可能反目成仇，電影裡很多盜墓賊就是這樣自相殘殺；而後者一旦過了激情期，就可能後悔。

有次子張問孔子，怎麼提高道德修養水準和辨別是非的能力。孔子說：「以忠信為宗旨，弘揚正義，就可以提高品德。愛一個人，就希望他長命百歲；厭惡起來就恨不得他立刻死去，既要他活，又要他死，這就是迷惑。」

> 子張問崇德、辨惑。子曰：「主忠信，徙義，崇德也。愛之欲其生，惡之欲其死。既欲其生，又欲其死，是惑也。」
>
> （出自《論語．顏淵篇》）

孔子所說的，就是這兩種情況。典型的就是戀愛中的男女，眼裡都是對方的優點，情人眼裡出西施；可是心裡有恨，就發現一點優點也沒有，恨不得對方去死。

基於激情的婚姻關係往往容易破裂，真正長久的婚姻都建立在相同或者相似的理念上。比如，夫妻雙方都信奉勤儉持家的消費理念，那麼在消費的問題上就容易一致。如果一方力主儉樸，另一方喜歡及時享樂，問題就大了。

所以，理念不相同基礎上的合作，常常會產生困惑，也不長久。

要當張耳，不要當陳餘

按照孔子的意思，理念不同就不要合作。那相同理念下的合作，就一定會長久嗎？那也不是。這得看是什麼樣的理念。

比如，兩人都秉持包容、自省，那麼他們之間的合作就會長久且融洽；如果兩人都對別人有道德潔癖、喜歡推諉責任，這也是相同的理念，可是這樣的理念必定導致決裂。那麼，什麼樣的相同理念下，合作或友誼會長久？

《論語》中，孔子有這樣一句話——

子曰：「君子喻於義，小人喻於利。」

（出自《論語・里仁篇》）

意思是，君子可以曉之以義，小人只能曉之以利。

義就是淳樸原始的美德，像是謙讓、誠實、與人為善、助人為樂、公平公正等，把義規則化後就是禮。所以孔子說過「君子義以為質，禮以行之」。

管子曾說過「禮義廉恥」，廉恥是義的基礎，義又是禮的基礎。所以在禮沒有規定到的地方，人們應該按照義的原則去做。而道義就是在義的基礎上的理念。

廣義來說，道義是一種符合義的價值觀，符合人類原始淳樸美德。孔子的意思是，在道義基礎上合作，才是長久之道。

在中國歷史上有兩段友誼值得一說，一是管仲和鮑叔牙，這兩人就是道義之交。所以，就算他們合夥失敗，也不影響他們之間的友誼。

在宋朝，司馬遷和王安石也是道義之交，兩人是朋友，卻又是政敵。王安石執政時，有人想趁機迫害司馬光，被王安石一口拒絕；王安石變法失敗後，司馬光執政，這時候司馬光也同樣沒有落井下石。

這就是道義之交，一時一事的矛盾，並不影響對彼此人品和人生目標的認同。

至於秦漢時期的張耳和陳餘，兩人都立志推翻秦朝。後來，兩人因為誤會而決裂，張耳更看重道義，因此還一直在暗中幫助陳餘；可是陳餘更看重個人恩怨，一直要置張耳於死地。最終，陳餘身敗名裂，而張耳被劉邦封為王。

為什麼百年老店能夠長久經營？

店家和顧客之間表面上看來是利益關係，但同時也可以是合作，甚至是朋友關係，就看經營者重視什麼。有的店對顧客巧取豪奪，顧客自然也會用同樣的理念回敬；有的店把顧客當朋友，公平行商，顧客困難時，捨棄自己的利益幫助顧客。那麼顧客也會反過來在這家店困難時伸出援手，於是，這家店就成了百年老店。

百年老店一定是以道義的理念開店。所以，百年老店多的地方，民風一定淳樸，人民一定值得敬佩。

敵人的敵人，也不會是朋友

道義不僅適用於合作和交友，也適用於一個人如何看待身邊發生的事。比如，你開了一間茶館，附近有個競爭對手。有一天，對手的茶館遭小偷了。作為競爭對手，你當然是受益者，這時你是選擇幸災樂禍袖手旁觀，還是積極協助？選擇前者，你是基於利益理念；選擇後者，你是基於道義理念。

哪種才正確？如果你選擇袖手旁觀，那麼下一個受害者可能就是你。

為什麼有的地方治安混亂？因為那裡的人們只管利益、不管道義，犯罪分子才得以肆無忌憚逐漸坐大。為什麼有的地方路不拾遺、夜不閉戶？因為人們是道義思維，對犯罪零容忍，根本不給犯罪分子發展壯大的機會。

所以，所謂小人喻於利，就是說小人都只看眼前利益，沒有長遠的眼光。正是因為心中沒有道義，惡行才會屢禁不止。

而君子喻於義，就說明君子雖然看重的不是利益，卻符合長遠的利益。

因此，不要以為道義僅是用來說教的大話。正好相反，道義才是整體、長遠的利益保障。孔子也說，不要和流氓做合夥生意。

流氓比小人更危險，小人只是看重利益，但至少遵紀守法。而流氓不僅看重利益，而且不擇手段。即便你和流氓有共同的利益，也不能和他合作。否則，你們的共同利益遲早會成為流氓的獨占利益，他不可能跟你分享。

很多人天真的以為流氓對別人是流氓，對你是義氣。但事實上，流氓就是流氓，他利用你的時候義氣，利用完之後就恢復流氓本色了。

所謂的「敵人的敵人是朋友」這樣的說法是極其荒謬的，是完全建立在利益理念基礎上的。可以說，道義永恆不變。而利益是隨時在變化的。

當一個人更注重利益時，他往往會因為利益得失而耿耿於懷，甚至為了利益鋌而走險。可是道義不同，道義是一貫的，是一條直線。你只有遵循道義，不偏離道義的方向，並在這個方向上尋求自己的利益，才能保持行為一致、不忘初心，並有效的保護自己。如果你是個堅守道義的人，那麼遇上挫折時，你才能保住自己的底線。

子曰：「君子固窮，小人窮斯濫矣。」

（出自《論語·衛靈公篇》）

這句話的意思是說，在窮困時，君子還能固守正道，但小人就會開始胡作非為了。要記住，永遠不要跟流氓合夥做生意，也不要施捨懶漢，更不要跟沒有信用的人交朋友。

國家圖書館出版品預行編目（CIP）資料

怎麼都是我吃虧！孔子帶你走出社交陷阱：怎麼處理別人和自己的面子問題？力求表現是職場必要，但如何不討人厭？《論語》，待人處事的最實用解答。／賈志剛著；-- 初版 . -- 臺北市：大是文化有限公司，2025.04
352 面 ; 14.8×21 公分 .--（Think；292）
ISBN 978-626-7539-97-2（平裝）

1. CST：論語　2. CST：人際關係
3. CST：人生哲學

121.222　　113019001

Think 292

怎麼都是我吃虧！孔子帶你走出社交陷阱

怎麼處理別人和自己的面子問題？力求表現是職場必要，但如何不討人厭？
《論語》，待人處事的最實用解答。

作　　者／賈志剛
責任編輯／楊明玉
校對編輯／馬祥芬、陳語曦
副 主 編／蕭麗娟
副總編輯／顏惠君
總 編 輯／吳依瑋
發 行 人／徐仲秋
會計部｜主辦會計／許鳳雪、助理／李秀娟
版權部｜經理／郝麗珍、主任／劉宗德
行銷業務部｜業務經理／留婉茹、專員／馬絮盈、助理／連玉
　　行銷企劃／黃于晴、美術設計／林祐豐
行銷、業務與網路書店總監／林裕安
總 經 理／陳絜吾

出 版 者／大是文化有限公司
臺北市 100 衡陽路 7 號 8 樓
編輯部電話：（02）23757911
購書相關資訊請洽：（02）23757911 分機 122
24 小時讀者服務傳真：（02）23756999
讀者服務 E-mail：dscsms28@gmail.com
郵政劃撥帳號：19983366　戶名：大是文化有限公司

香港發行／豐達出版發行有限公司
Rich Publishing & Distribution Ltd
香港柴灣永泰道 70 號柴灣工業城第 2 期 1805 室
Unit 1805, Ph.2, Chai Wan Ind City, 70 Wing Tai Rd, Chai Wan, Hong Kong
Tel：21726513　Fax：21724355
E-mail：cary@subseasy.com.hk

封面設計／孫永芳　內頁排版／邱介惠　印刷／鴻霖印刷傳媒股份有限公司
出版日期／2025年4月初版
定　　價／新臺幣 420 元
I S B N／978-626-7539-97-2（平裝）
電子書 ISBN／9786267539958（PDF）
9786267539965（EPUB）